# Servietten falten

## Dekorative Ideen für den Tisch

Doris Kuhn

# Servietten falten

## Dekorative Ideen für den Tisch

ENGLISCH VERLAG

Die Deutsche Bibliothek – CIP-Einheitsaufnahme
**Servietten falten** : dekorative Ideen für den Tisch / Doris Kuhn. - Wiesbaden: Englisch, 2002
ISBN 3-8241-1179-9


ISBN 3-8241-1179-9

Fotos: Frank Schuppelius
Herstellung: Michael Feuerer
Printed in Italy



Die Ratschläge in diesem Buch sind von der Autorin und dem Verlag sorgfältig erwogen und geprüft, dennoch kann eine Garantie nicht übernommen werden. Eine Haftung der Autorin bzw. des Verlages und seiner Beauftragten für Personen-, Sach- und Vermögensschäden ist ausgeschlossen.

# Inhaltsverzeichnis

# Vorwort

Eine festliche Tafel ist gar nicht denkbar ohne eleganten Serviettenschmuck, der ihr erst den letzten Schliff verleiht. Aber auch zu weniger formellen Anlässen, wie einem Essen im Familienkreis, einer Einladung an Freunde, zum Kaffeeplausch oder einem bunten Kindergeburtstag, bilden hübsch gefaltete Servietten das i-Tüpfelchen einer gelungenen Tischdekoration.
Servietten sind heutzutage nicht nur ein fester Bestandteil unserer Tischkultur, sondern haben sich über die Jahrhunderte vom praktischen Gebrauchsgegenstand zu phantasievoll gestalteten Dekorationselementen entwickelt.
Schon seit Ausgang des Mittelalters werden Servietten in unserem Kulturkreis benutzt. Mit der höfischen Kultur hielten damals auch verfeinerte Tischsitten Einzug in Europa. Es galt bald als unschicklich, mit fettigen Lippen von Becher oder Pokal zu trinken oder die Hände am Tischtuch abzuwischen. So lernte man die neumodischen Mundtücher zwar schätzen, aber über den praktischen Nutzen hinaus spielte die Serviette noch keine große Rolle an höfischen Tafeln.
Im Laufe der Zeit wurden nun die Kleider immer aufwändiger und kostbarer. Man kam auf die Idee, sich die Serviette kurzerhand um den Hals zu binden, um so die kostbare Kleidung zu schützen. Die modischen Extravaganzen dieser Epoche hatten zur Folge, dass die Serviette als kultiviertes Accessoire in höchsten Kreisen Anwendung fand.
Unter Ludwig XIV. (1643–1715), dem Sonnenkönig, bekannt für sein ausschweifendes Luxusleben, kannte die Pracht dann keine Grenzen mehr. Bei seinen legendären Banketten wurde jedes Gericht als ultimativer Augenschmaus präsentiert. Es versteht sich von selbst, dass für ein solches Szenario die Tischdekoration, als prächtige Bühne sozusagen, ebenso kunstvoll und luxuriös in Szene gesetzt werden musste. Im Zuge dieser Prachtentfaltung kam man auf die Idee, die Servietten aus edlem Stoff nicht nur einfach dezent zu platzieren, sondern sie zu dreidimensionalen Figuren gefaltet selbst als kleine Kunstwerke zu präsentieren. Die Serviettenfaltkunst war geboren, und man versuchte, sich in immer aufwändigeren und phantasievolleren Kreationen gegenseitig zu übertreffen.
Wer etwas auf sich hielt, versuchte nun die prächtigen Bankette des Königs zu imitieren, und die Mode, Servietten zu Figuren zu falten, hielt über den niederen Adel auch Einzug ins Bürgertum.

Nach diesem kleinen Exkurs in die Geschichte der Serviette verstehen Sie nun, warum in diesem Buch so oft von „Serviettenfaltkunst" und alten, traditionsreichen Figuren die Rede ist. Bestimmt sind einige der überlieferten Serviettenformen, die wir heute noch kennen, bereits zur Zeit Ludwigs XIV. entstanden.
Ausführliche Beschreibungen und anschauliche Zeichnungen zeigen Ihnen Schritt für Schritt, wie die hübschen Kreationen zustande kommen. Ob Sie mit einer schlichten Figur attraktive Akzente auf Ihrer Tafel setzen möchten, im Handumdrehen mit ein paar Kniffen eine attraktive Dekoration schaffen, oder vielleicht sogar für einen besonderen Anlass eine ausgefallene Kreation ausprobieren möchten – dieses Buch möchte Sie mit vielen neuen Ideen und originellen Anregungen inspirieren.
Ganz egal ob Sie edle Stoffservietten oder für den täglichen Gebrauch die praktischen Papierservietten bevorzugen, hier finden Sie bestimmt für jede Gelegenheit und jeden Geschmack eine passende Serviettenfigur!

Nun wünsche ich Ihnen viel Freude mit diesen Serviettenkreationen.

*Doris Kuhn*

# Spitzdach

Aus Baumwolle im Karodesign und kräftigen Farben gefaltet, kann man sich das Spitzdach sehr gut auf dem Frühstückstisch oder eingedeckt für eine zünftige Brotzeit vorstellen. Aus edlem Damast gefaltet, wäre diese Figur aber auch eine ideale Besetzung fürs festliche Dinner.
Aber ganz egal, in welcher Version Sie das Spitzdach verwenden – mit seiner gradlinigen Eleganz gehört es zu den Serviettenfiguren, die gepflegte Tischkultur in reinster Form verkörpern. Schließlich gehört es nicht ohne Grund seit jeher zu den erklärten Lieblingen vieler Gastronomen und Hoteliers.
Wirklich stilvoll wirkt das Spitzdach natürlich aus einer großformatigen Stoffserviette gefaltet, aber auch schon 30 x 30 cm große Papierservietten lassen sich so gekonnt in Form bringen. Falten Sie das Spitzdach vielleicht auch einmal aus Servietten mit farbig abgesetzten Bordüren. So werden nicht nur die Eigenarten dieser Figur hervorgehoben, sondern die Serviette erhält auch gleich eine ganz andere Optik.

**Faltanleitung**

1. Zu Beginn sollte die Serviette mit der rechten Seite nach unten und auf eine Spitze gedreht, also diagonal, vor Ihnen liegen. Falten Sie nun die Serviette senkrecht nach oben zu einem Dreieck.

2. Brechen Sie die seitlichen Spitzen des Dreiecks vom Mittelpunkt der Unterkante aus diagonal nach oben.

3. Drehen Sie die Serviette über ihre obere Spitze auf die Rückseite.

4. Falten Sie den oberen Serviettenteil zu etwa 2/3 nach unten um.

5. Brechen Sie die Serviette senkrecht in der Mitte nach hinten um.

6. So schnell und problemlos entsteht das Faltdach. Die fertige Figur brauchen Sie jetzt nur noch aufzustellen.

1.

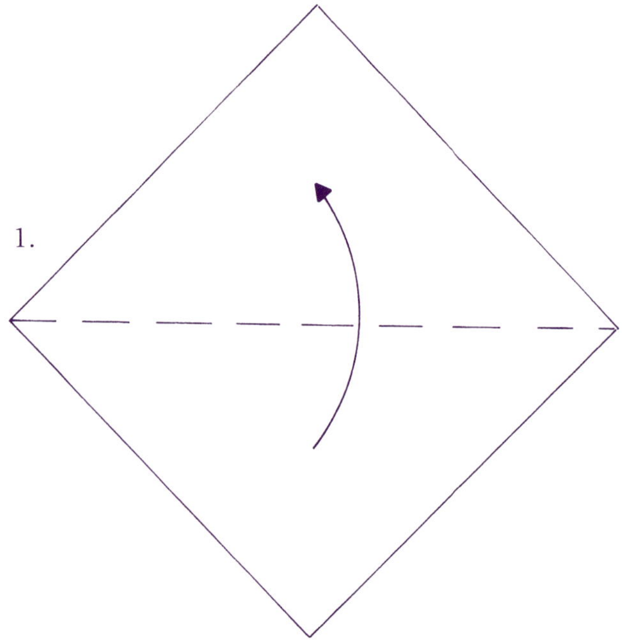

2.

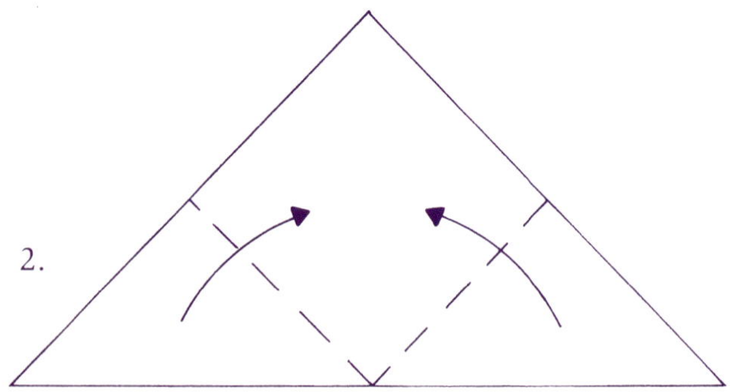

3.

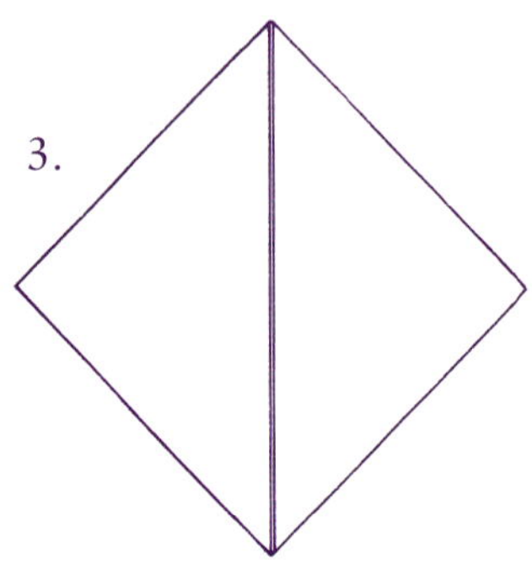

4.

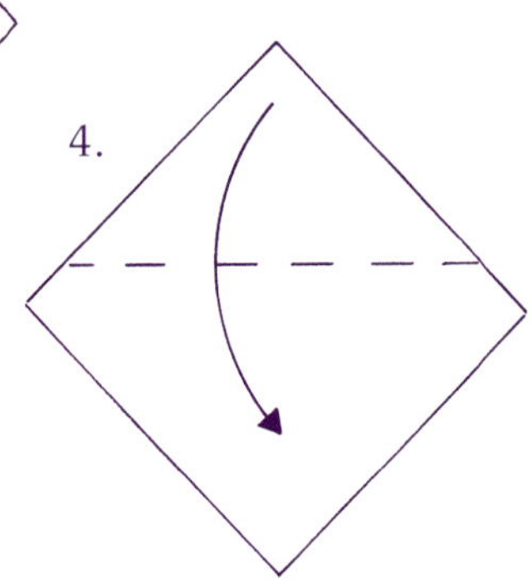

5.

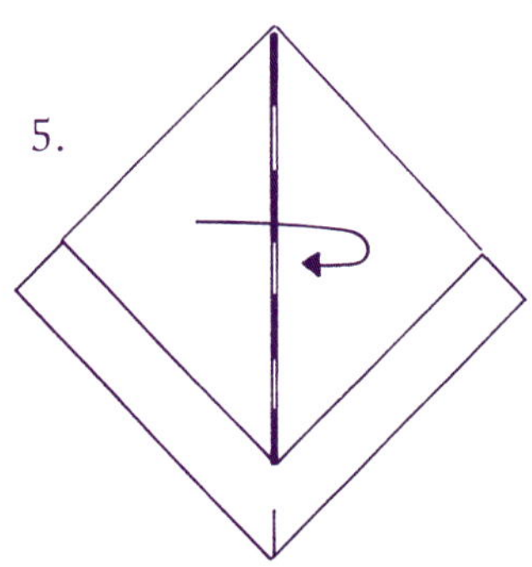

6.

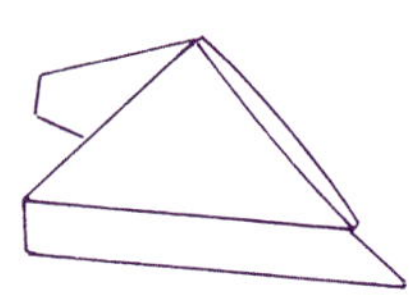

# Jabot

Als Jabot bezeichnet man weich fallende Stoffrüschen, die im 18. und 19. Jahrhundert als letzter modischer Schrei die männliche Hemdbrust schmückten. Sehr viel später tauchten sie als romantischer Besatz an Damenblusen wieder auf. Aber auch die Serviettenfaltkunst hat sich von diesem verspielten Accessoire inspirieren lassen. Im reizvollen Kontrast zur weichen Optik steht eine schlanke, eher strenge Silhouette mit breiter, geteilter Spitze.
Ein Jabot lässt sich schon aus den handelsüblichen 33 x 33 cm großen Papierservietten falten. Besser und stilechter aber kommen die imitierten Rüschen natürlich durch eine etwa 30 x 30 bis 40 x 40 cm große Stoffserviette zur Geltung.

1.

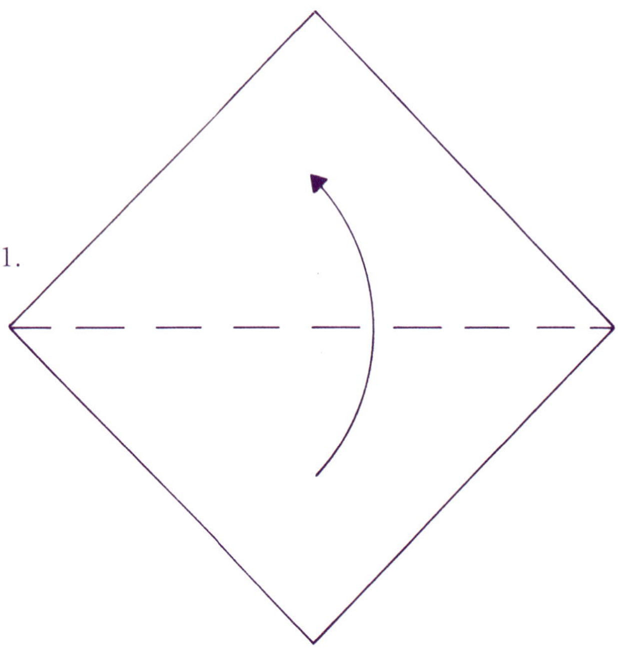

2.

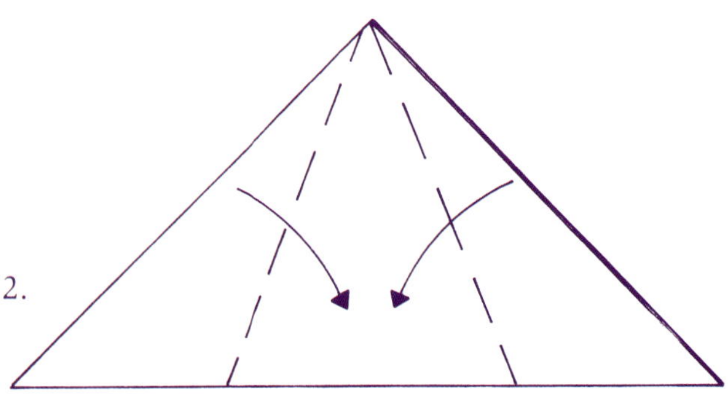

**Faltanleitung**

1. Die Serviette wird, mit der rechten Seite nach unten zeigend, auf eine Spitze gedreht und dann waagerecht in der Hälfte nach oben zu einem Dreieck gebrochen.

2. Die Seiten des Dreiecks werden von der oberen Spitze aus nach innen gefaltet, sodass sich die Seitenkanten senkrecht über der Serviettenmitte treffen.

3. Im nächsten Schritt bricht man die Seiten nochmals von der oberen Spitze aus nach innen.

4. Die obere Spitze wird jetzt nach hinten umgefaltet, indem die Serviette etwa in der Hälfte nach hinten gebrochen wird. Dann wenden Sie die Serviette.

5. Die lange Spitze falten Sie nun um und schieben sie hinter die Kante, die quer über der Serviette verläuft, nach unten.

6. Zum Schluss muss die Serviette nur noch auf die Vorderseite gewendet werden.

3.

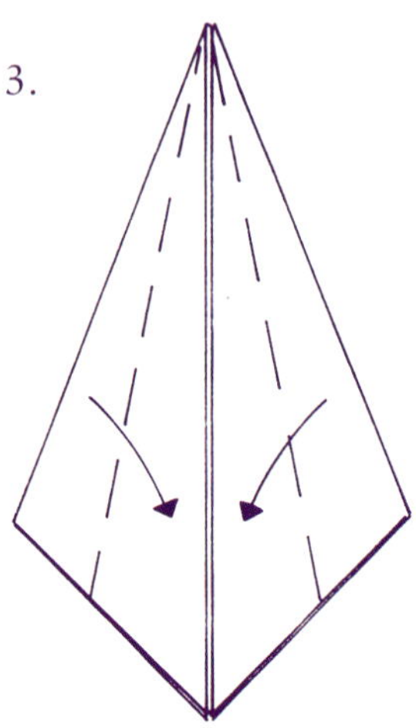

4.

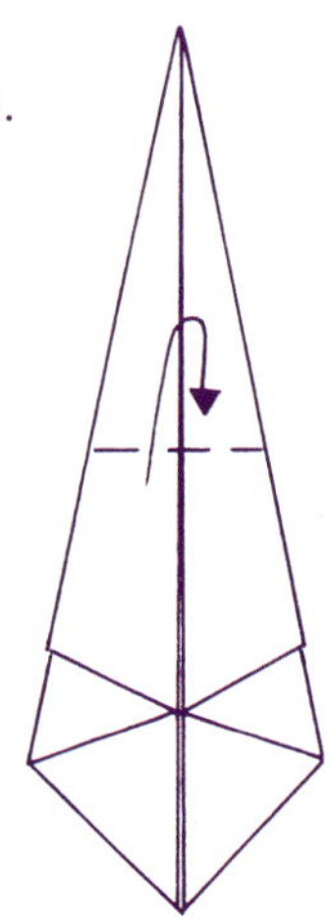

5.

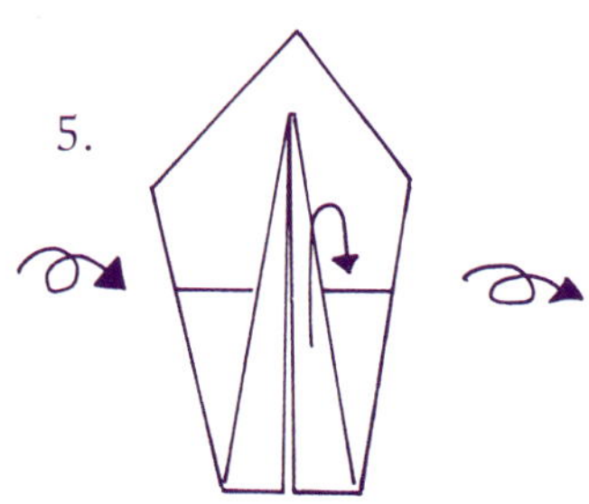

6.

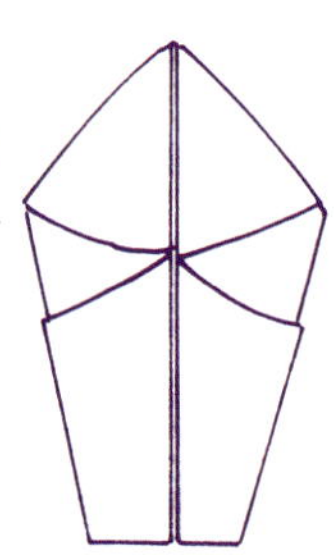

# Kreuzritter

Auf den ersten Blick mag man den gradlinigen Kreuzritter zwar noch für eine schlichte Serviettenform halten, beim näheren Hinsehen aber offenbart sich die ganze subtile Raffinesse dieser Serviettenfigur – zwei kleinere Quadrate umschließen und überlagern gleichzeitig ein größeres flaches Quadrat.
Falls Sie sich nun fragen, wie diese eindrucksvolle Optik denn wohl zustande gekommen sein mag, kann ich Sie beruhigen – hinter dem verblüffenden Äußeren verbirgt sich eine ganz einfache Falttechnik. Versuchen Sie es selbst einmal. Am besten mit einer ca. 40 x 40 cm großen, einfarbigen Stoff- oder Vliesserviette.

**Faltanleitung**

1. Breiten Sie die Serviette, mit der rechten Seite nach unten, gerade vor sich aus. Brechen Sie die Serviette senkrecht in der Hälfte von rechts nach links zu einem Rechteck.

2. Falten Sie nun alle vier Ecken diagonal vom Mittelpunkt der Ober- bzw. Unterkante nach innen, zueinander um. Die Faltkanten sollten gut ausgestrichen werden.

3. Brechen Sie nun die entstandenen Spitzen, die den oberen und unteren Teil der Serviette bilden, waagerecht nach unten, bzw. oben, zur Mitte der Serviette.

4. Wenden Sie im nächsten Schritt die Serviette.

5. Falten Sie nun alle Ecken diagonal nach innen, auf die Serviettenmitte.

6. Nachdem Sie die Faltkanten fest ausgestrichen haben, brauchen Sie die Serviette nur noch einmal zu wenden.

7. Schon steht der Kreuzritter fix und fertig ganz zu Ihren Diensten.

1.

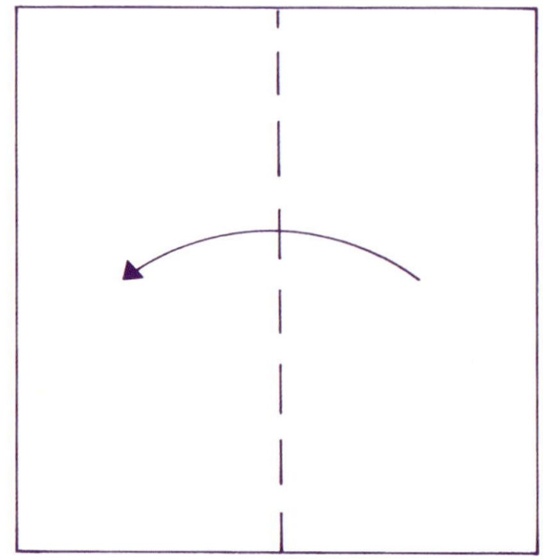

2.

3.

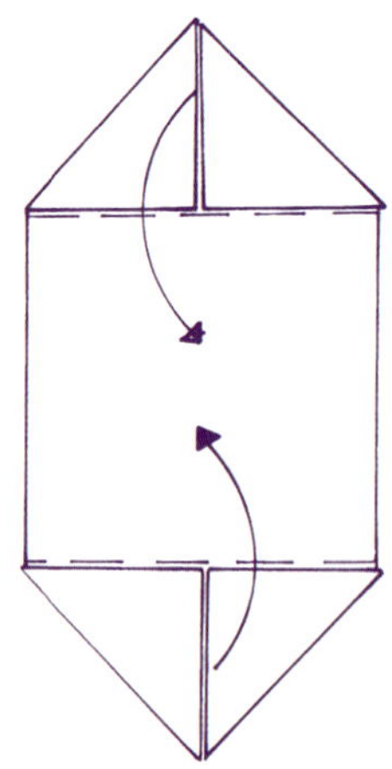

4.

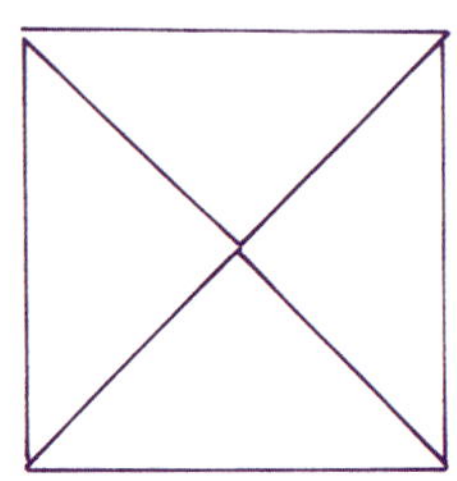

5.

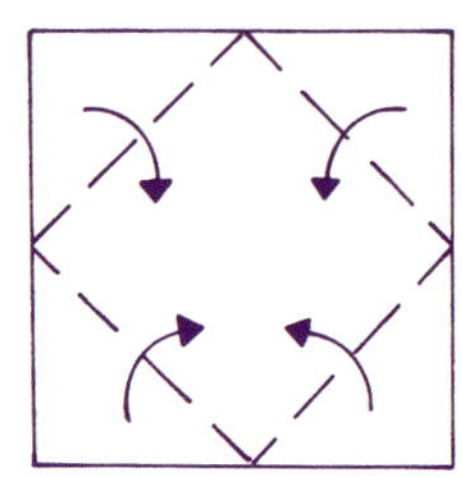

6.

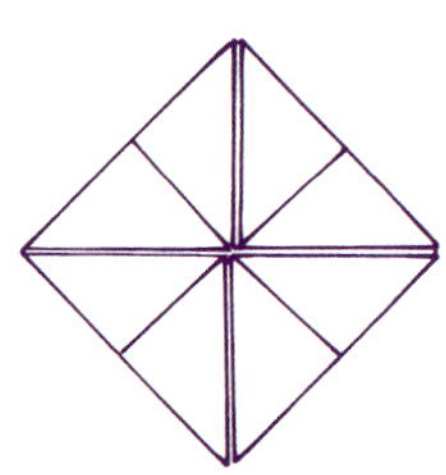

7.

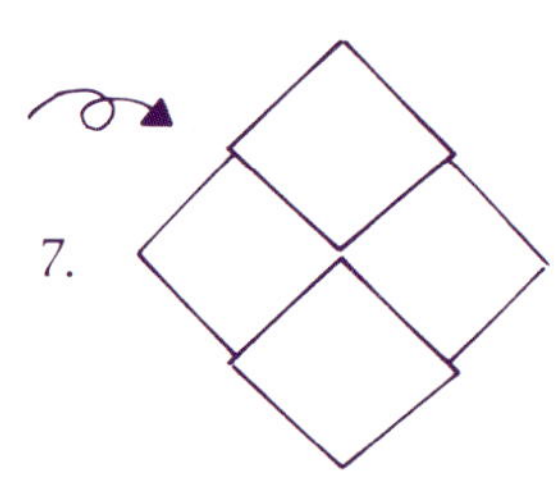

# Frauenschuh

Dekorative Blüten gehören seit jeher zum Lieblingsthema der Serviettenfaltkunst. Hier haben gerade exotische Blüten wie Lilien und Orchideen die Phantasie der Serviettenkünstler besonders beflügelt, denn es gibt sie in unzähligen Varianten. So hat auch der Frauenschuh, eine heimische Orchideenart, ihren Meister in der Serviettenfaltkunst gefunden. Entstanden ist eine sehr plastische Nachbildung der Blüte mit ihrer typischen pantoffelähnlichen Blütenlippe. Kunstvoll gefaltet, wird so jede Serviette zum ausdrucksvollen Schmuckelement, das Ihrer Tischdekoration eine ganz besondere Note verleiht – egal, ob aus buntem Papier für die Kaffeetafel oder aus edlem Stoff zum festlichen Dinner. Probieren Sie es aus! Sie werden überrascht sein, wie effektvoll sich der attraktive Frauenschuh einsetzen lässt. Und Sie werden begeistert sein, wie einfach und problemlos diese hübsche Figur gelingt!

**Faltanleitung**

1. Drehen Sie eine Serviette, die ausgebreitet mit der rechten Seite nach unten vor Ihnen liegt, auf eine Spitze, und brechen Sie diese dann waagerecht in der Hälfte nach oben.

2. Falten Sie die seitlichen Spitzen des entstandenen Dreiecks, wie in der Zeichnung gezeigt, nach oben. Die umgefalteten Spitzen sollen die obere Spitze nicht verdecken, sondern im Abstand von etwa 6 cm zueinander seitlich von ihr liegen.

3. Brechen Sie nun die untere Spitze der Serviette etwa zu einem Drittel der Gesamthöhe nach oben.

4. Legen Sie die Serviette nun von links nach rechts in etwa 5 große, gleichmäßige Falten, indem Sie die Serviette einfach abwechselnd vor und zurück falten. Achten Sie darauf, dass eine Bergfalte, also eine Falte, deren Knick nach vorne zu Ihnen zeigt, genau senkrecht durch die mittlere Spitze verläuft.

5. Halten Sie die gefächerte Serviette fest am unteren Rand zusammen. Um die ganze Schönheit des Frauenschuhs zu entfalten, ziehen Sie nun die kleine, vordere Spitze als Blütenlippe vorsichtig nach vorne und unten und dann die beiden schlanken Spitzen seitlich nach außen.

6. Stecken Sie die fertige Blüte mit dem unteren Ende dann in einen Serviettenring oder in ein schmales Glas.

1.

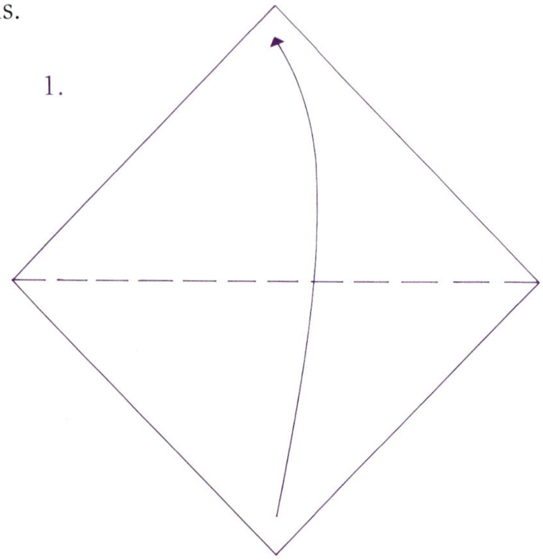

2.

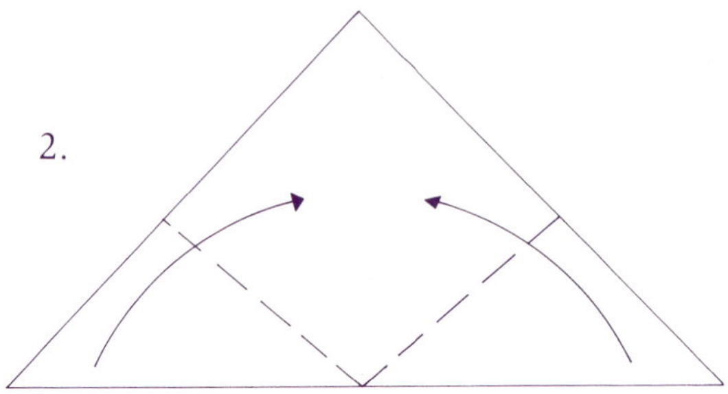

3.

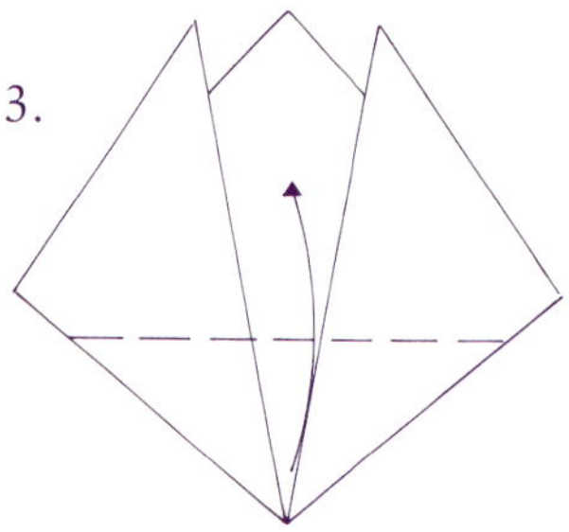

4.

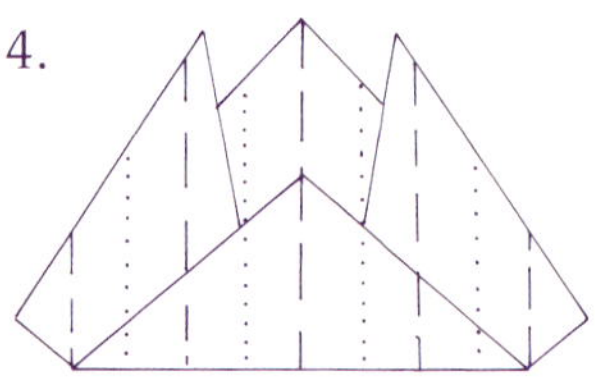

5.

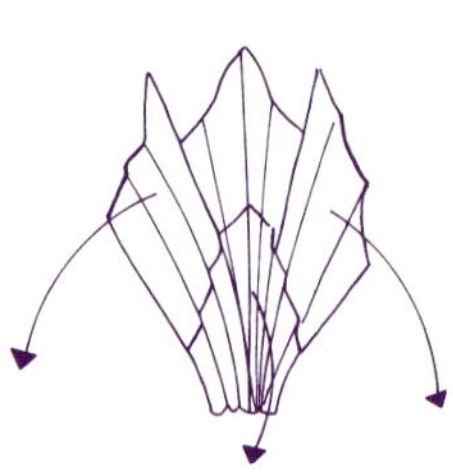

6.

# Engel

Dieser attraktive Engel ist eine wundervolle Einstimmung für Ihre Gäste auf all die himmlischen Gaumenfreuden, die sie erwarten.
Natürlich können Sie den formschönen Engel auch aus kräftigeren Stoffen wie Leinen oder Baumwolle arbeiten – selbst etwas Farbe steht ihm gut zu Gesicht.

**Faltanleitung**

1. Drehen Sie die Serviette mit der rechten Seite nach unten auf eine Spitze. Falten Sie die obere Hälfte waagerecht nach unten, sodass ein Dreieck entsteht.

2. Brechen Sie die seitlichen Spitzen diagonal vom Mittelpunkt der Oberkante aus nach unten auf die untere Spitze.

3. Falten Sie dann die Seiten des entstandenen Vierecks diagonal von der oberen Spitze aus nach innen, sodass die oberen Seitenkanten der Serviette senkrecht auf der Mittellinie zusammenstoßen.

4. Brechen Sie im nächsten Schritt die untere Hälfte der Serviette nach hinten um.

5. Falten Sie dann die Serviette senkrecht in der Hälfte von rechts nach links und streichen die Faltkante gut aus.

6. Auf die nun abgewinkelte Unterkante gestellt, entfaltet der fertige Engel ganz von selbst seine Schwingen.

1.

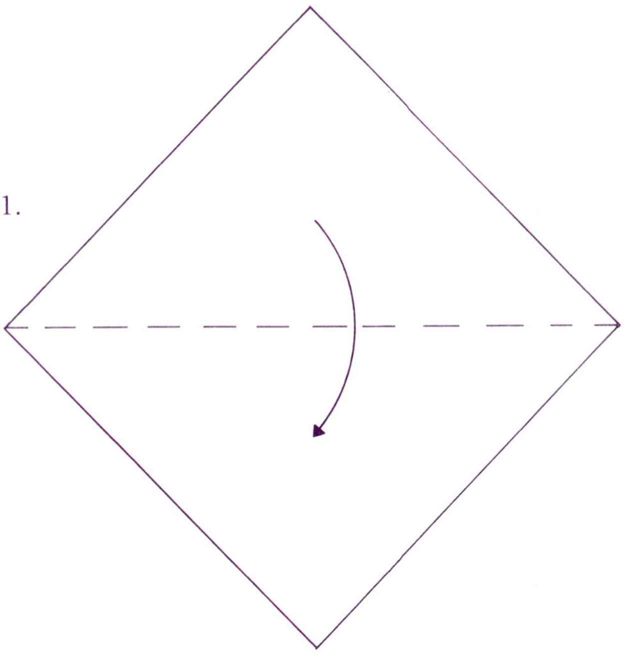

2.

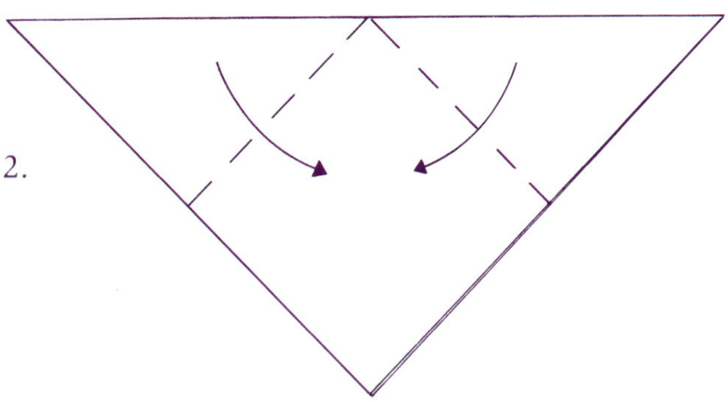

3.

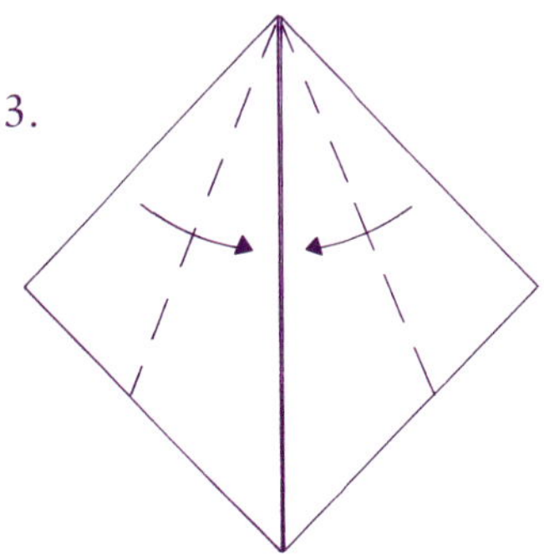

4.

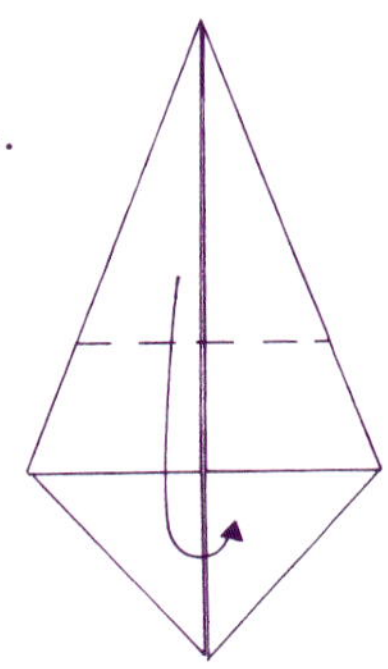

5.

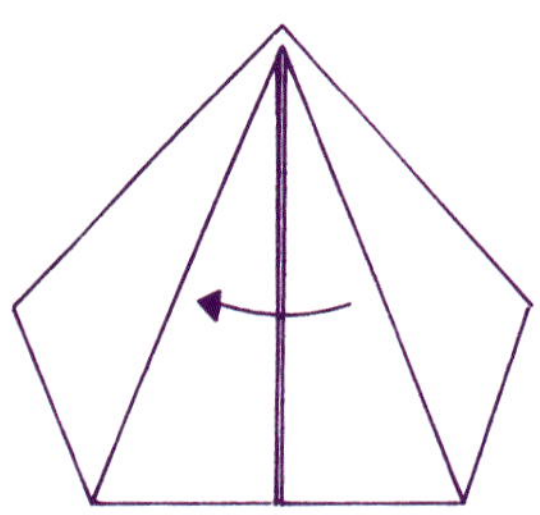

6.

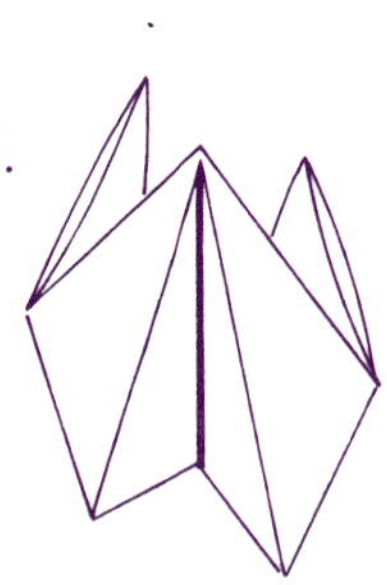

# Sweetheart

Für alle Einladungen, die von Herzen kommen, möchte man die Tischdekoration natürlich besonders liebevoll gestalten. Unser Sweetheart stellt auch keine großen Ansprüche. Schon einfache Papierservietten lassen sich mit ein paar Kniffen in diese herzige Form bringen. Romantische oder verspielte Muster, wie das Rosendesign in unserem Beispiel, eignen sich ganz besonders für diese charmante Faltidee.
Zum Falten dieses Herzchens sollten Sie nur Servietten bis zu einer Größe von etwa 30 x 30 cm verwenden, damit das Ergebnis nicht zu flächig wird.

**Faltanleitung**

1. Legen Sie die Serviette ausgebreitet gerade vor sich. Die rechte Seite sollte nach unten zeigen. Brechen Sie die Serviette waagerecht in der Hälfte nach oben.

2. Schlagen Sie die rechte Seite der Serviette locker nach links um, und zwar, entsprechend der gestrichelten Linie in der Zeichnung, in einer schrägen Linie vom Mittelpunkt der Unterkante aus bis zu einem Punkt an der Oberkante, der sich etwa zu einem Viertel der gesamten Serviettenbreite vom Rand entfernt befindet.

3. Die linke Seite der Serviette wird nun über die schräge Kante des umgeschlagenen Serviettenteils nach rechts gefaltet. Die Umschlagkante dieser Faltung sollte genau mit der rechten, schrägen Serviettenkante abschließen. Da die Serviette bis jetzt nur locker umgeschlagen wurde, können Sie sie in diesem Stadium noch etwas justieren bzw. korrigieren, bis Sie ein schönes, gleichmäßiges Herz vor sich liegen haben.

4. Wenn Sie mit Ihrem Ergebnis zufrieden sind, werden die Seitenkanten leicht ausgestrichen, damit das Herz seine Form behält, und dann flach auf einem Teller arrangiert.

1.

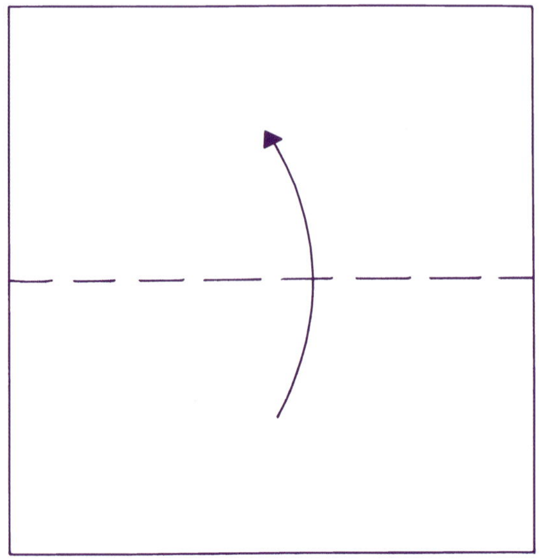

2.

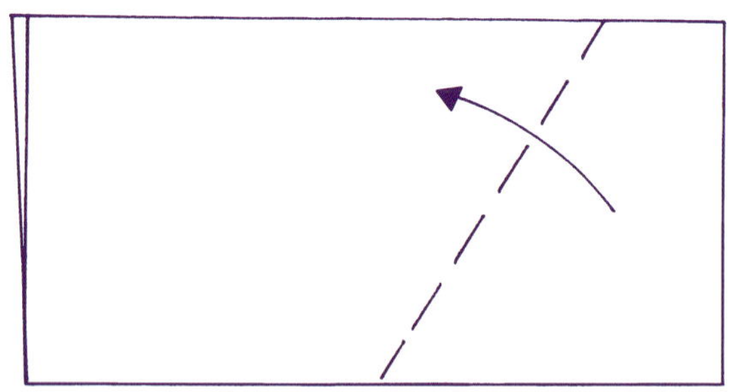

3.

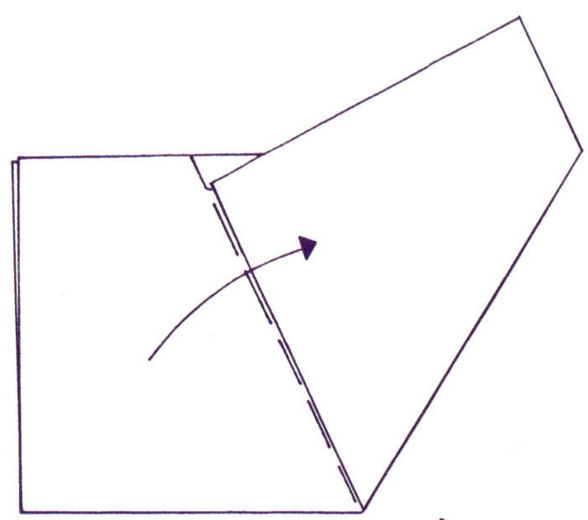

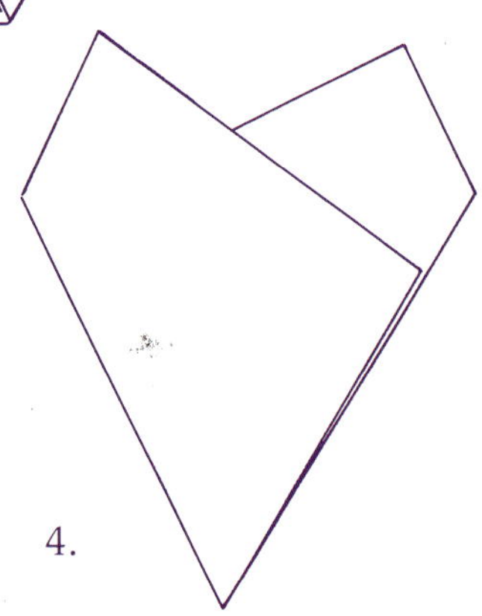

4.

# Chapeau

Übersetzt bedeutet das, wie sich unschwer schon beim Anblick dieser hübschen Faltidee vermuten lässt, schlicht und einfach „Hut". Er kann sich sehen lassen, dieser kleine französische Hut mit den kecken Spitzen – ob aus edlem Stoff für den großen Auftritt oder aus hübsch gemustertem Papier für alle Tage. „Hut ab" also vor diesem hübschen Tausendsassa.

**Faltanleitung**

1. Die Serviette liegt gerade, mit der rechten Seite nach unten, vor Ihnen. Falten Sie nun die Serviette waagerecht in der Hälfte nach oben zu einem Rechteck.

2. Nun brechen Sie die linke obere Ecke diagonal nach unten auf die Mitte der Unterkante, und die rechte untere Ecke gegengleich nach oben auf die Mitte der Oberkante.

3. Die Serviette sollte nun wie in Zeichnung 3 abgebildet vor Ihnen liegen. Für den nächsten Arbeitsschritt muss die Serviette gewendet werden, indem sie über die rechte obere Ecke auf die Rückseite gedreht wird. Dies ist wichtig, damit die Serviette für den nächsten Schritt in der richtigen Position vor Ihnen liegt. Merken Sie sich einfach, dass die obere, rechte Ecke durch die Drehung zur linken, unteren Ecke wird.

4. Die Serviette liegt jetzt also wieder längs vor Ihnen, und wird dann einfach waagerecht in der Hälfte nach unten gefaltet.

5. Bei diesem Faltvorgang wird die linke Spitze der Serviette frei stehend sichtbar. Die rechte, eingeschlagene Spitze sollte sich automatisch unter der Faltkante hervor aufklappen. Falls nicht, helfen Sie einfach ein bisschen nach.

6. Die linke Serviettenhälfte wird nun in einer senkrechten Linie durch ihre Spitze nach innen umgeschlagen und das seitliche Ende dabei bis zur Mitte unter die rechte, breite Spitze geschoben.

7. Jetzt brechen Sie die rechte Serviettenseite ebenso in der Hälfte, schlagen sie aber nach hinten um. Das seitliche Ende wird auch hier wieder unter die Hälfte der linken Spitze geschoben.

8. Die oberen Spitzen werden dann vorsichtig nach außen gestülpt. Halten Sie dabei die Serviette am unteren Rand fest, damit die eingeschobenen Enden an Ort und Stelle bleiben. Um dem Hut die endgültige Form zu geben, drehen Sie dann die Serviette einfach auf den Kopf, fassen dann zwischen die beiden Stofflagen, welche die Oberkante bilden, und ziehen diese vorsichtig auseinander.

1.

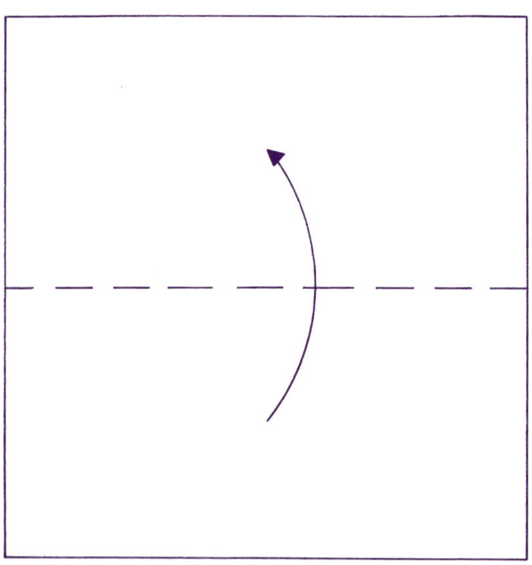

2.

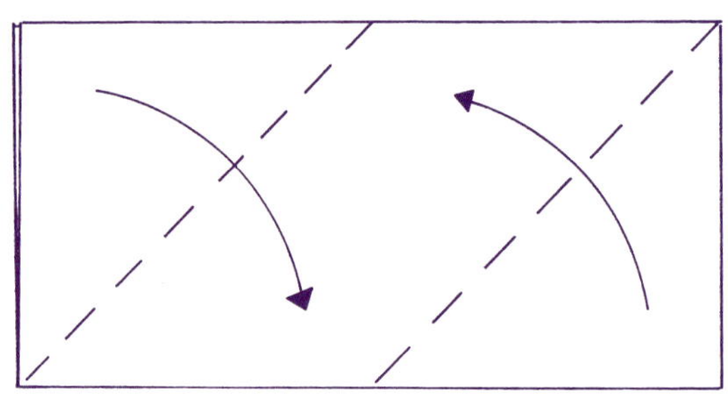

3.

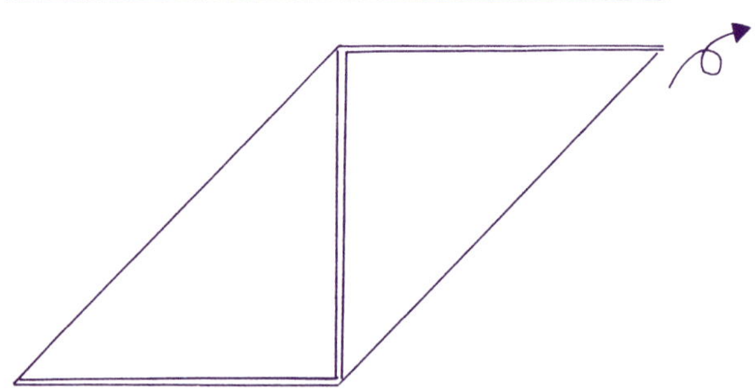

4.

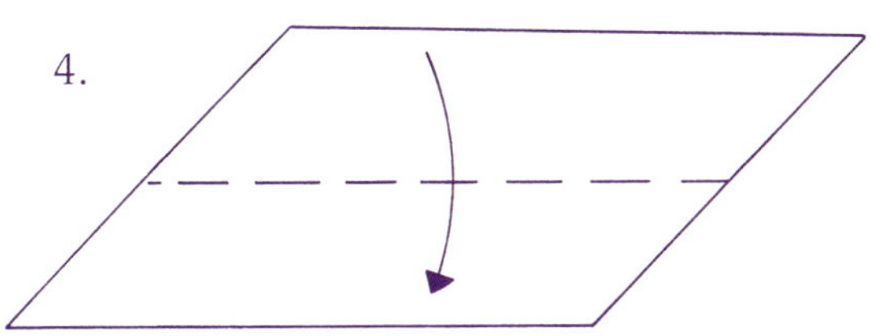

6.

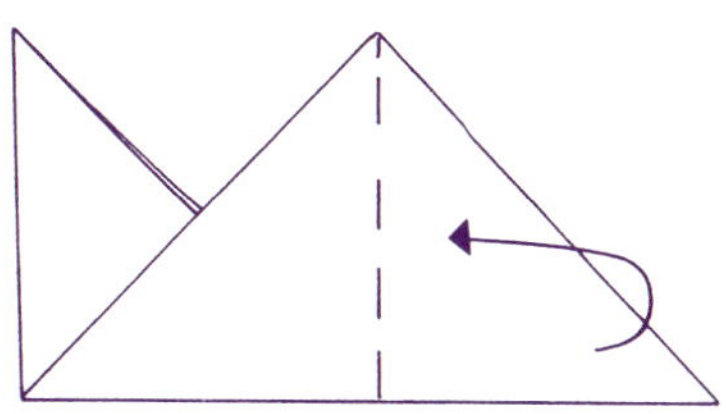

8.

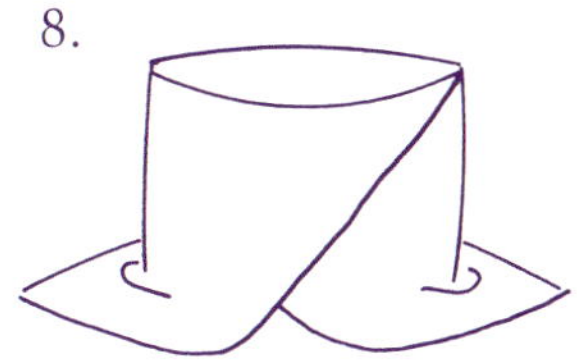

5.

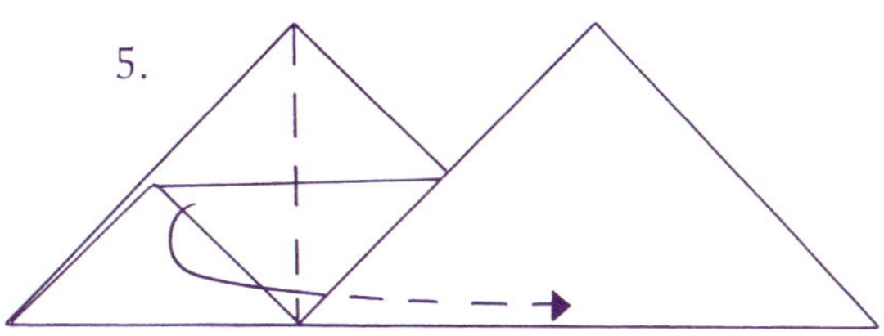

7.

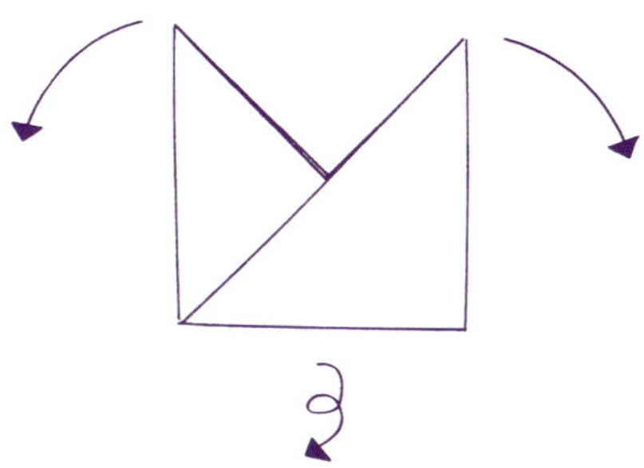

# Tulpe

Ganz anders als viele der in diesem Buch gezeigten wunderschönen, plastischen, und oft auch aufwändigen Gebilde, aber deshalb nicht weniger reizvoll, präsentiert sich hier diese streng stilisierte Tulpe als flache Serviettenform.
Es ist eine eigentlich schlichte Form, die nicht nur durch eine zurückhaltende Eleganz besticht, sondern sich auch als äußerst wandelbar erweist. Aus 40 x 40 cm großen edlen Stoffservietten gefertigt wird aus der Tulpe eine aparte Erscheinung, die formvollendete Akzente auf jeder großen Tafel setzt. Aus bunten Papierservietten gefaltet verbreitet die Tulpe als hübscher Blickfang Frühlingsstimmung zum Kaffee.

1.

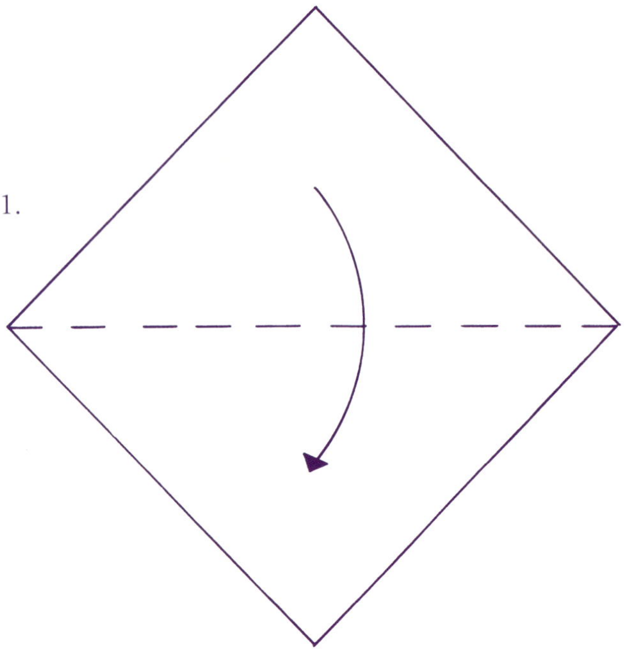

2.

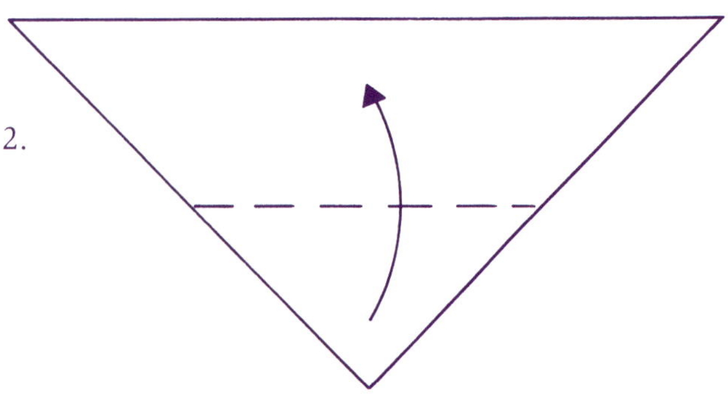

**Faltanleitung**

1. Legen Sie die Serviette mit der rechten Seite nach unten so vor sich, dass eine Spitze zu Ihnen zeigt. Brechen Sie die Serviette waagerecht nach unten zu einem Dreieck.

2. Falten Sie nun die untere Spitze des Dreiecks bis zur Mitte der Oberkante nach oben.

3. Schlagen Sie die spitzen Seiten um diese Spitze herum schräg nach unten, so wie in Abbildung 3 gezeigt.

4. Die Spitzen, die sich am unteren Serviettenende überlappen, werden nun entlang der darunter liegenden Unterkante nach oben gebrochen.

5. Die Seiten werden jetzt nach hinten umgeschlagen und ineinander gesteckt.

6. Die fertige Tulpe wird zum Schluss flach auf dem Gedeck arrangiert.

3.

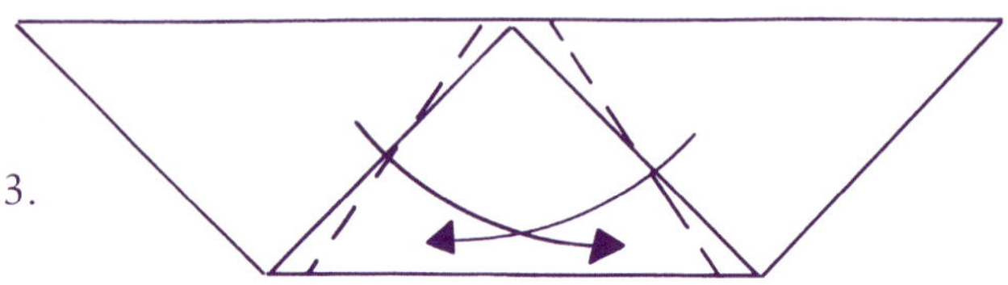

4.

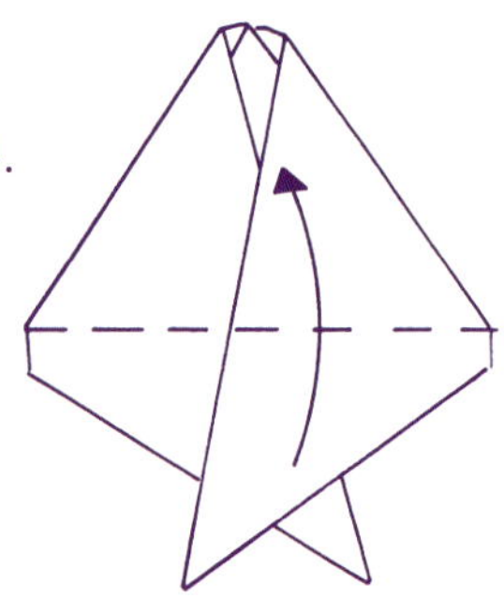

5.

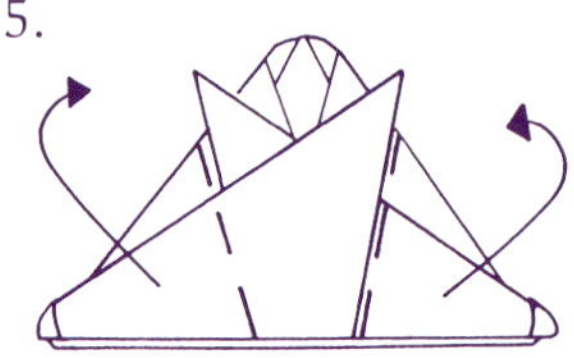

6.

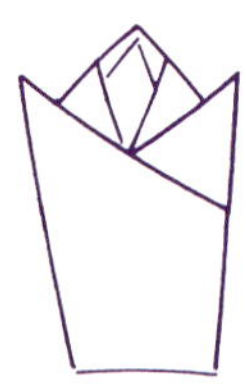

# Springender Frosch

Mit sehr viel Phantasie mag sich in dieser Serviettenfigur tatsächlich ein Frosch mit rautenförmigem Körper und kräftigen Hinterbeinen erkennen lassen, aber auch ohne das Geheimnis des eigenwilligen Namens gänzlich zu ergründen, muss man der Serviette eine ungewöhnliche Optik und einen gewissen Reiz zugestehen.
Seien Sie also kein Frosch! Versuchen Sie sich einmal an dieser ausgefallenen Serviettenkreation. Wählen Sie dazu eine mindestens 40 x 40 cm große Serviette, denn der springende Frosch ist zwar nicht schwer, aber doch etwas aufwändiger zu falten, und soll als fertige Figur ja schließlich nicht zu klein ausfallen.

**Faltanleitung**

1. Drehen Sie eine Serviette, mit der rechten Seite nach unten, auf eine Spitze. Brechen Sie dann die Serviette waagerecht in der Hälfte nach oben zu einem Dreieck.

2. Nun werden die seitlichen Ecken des Dreiecks, diagonal vom Mittelpunkt der Unterkante aus nach oben, auf die Spitze des Dreiecks gefaltet.

3. Wenden Sie die entstandene Raute im nächsten Schritt auf die Rückseite.

4. Die Figur wird dann noch einmal waagerecht in der Hälfte nach oben zu einem Dreieck gefaltet.

5. Brechen Sie nun die seitlichen Spitzen dieses Dreiecks diagonal vom Mittelpunkt der Unterkante aus nach oben, aber diesmal in einem steileren Winkel, sodass jeweils etwa 2/3 der seitlichen Spitzen umgefaltet und die Stofflagen dabei übereinander geschlagen werden. Die Enden der langen Spitzen sollen nach dem Falten wie kleine Hörner rechts und links von der oberen Spitze über die Serviette hinausragen.

6. Zeichnung 6 zeigt Ihnen, wie die Figur nun aussehen sollte. Wenden Sie die Serviette noch einmal.

7. Die oberste Stofflage der Serviette liegt geteilt wie zwei frei liegende Flügel auf der Serviette. Fassen Sie die Flügel an ihren oberen Spitzen, und falten Sie diese nach außen.

8. Falten Sie nun die zweite Stofflage der mittleren Spitze noch nach vorne und unten.

9. Der springende Frosch ist nun fertig und kann eingedeckt werden.

1.

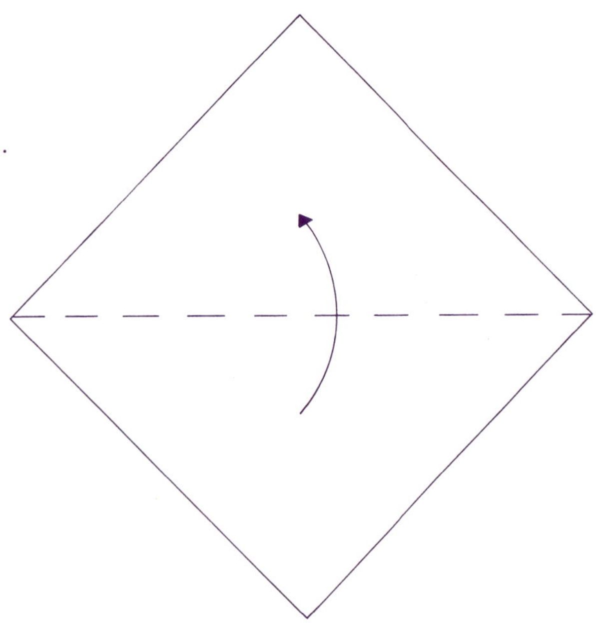

2.

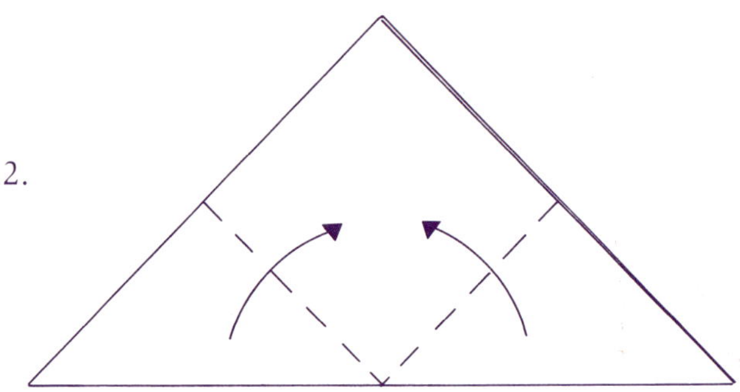

3.

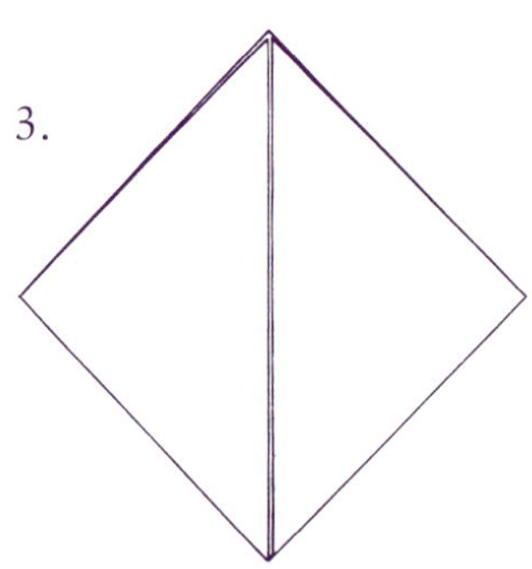

4.

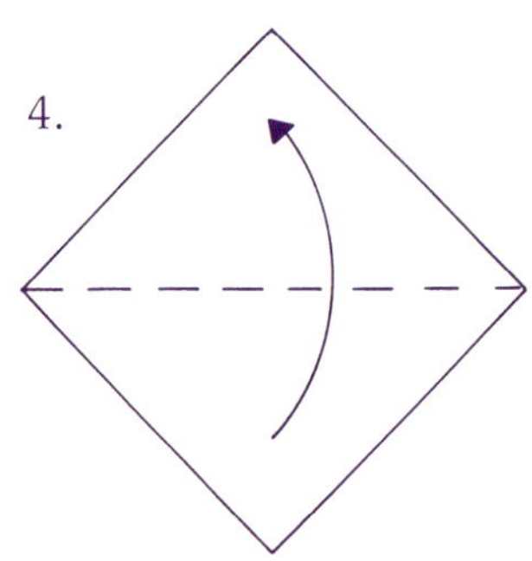

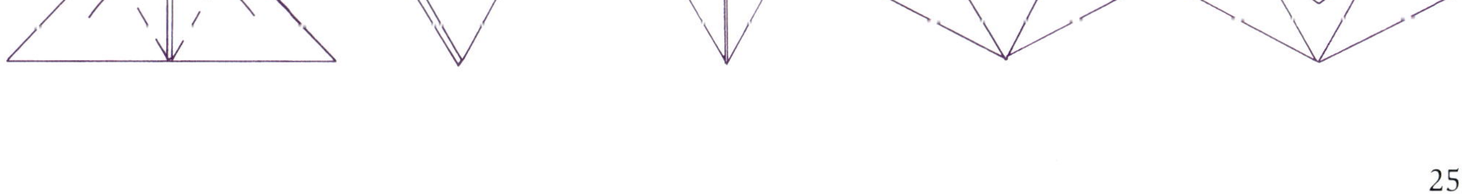
5.
6.
7.
8.
9.

# Eistüte

Die schlanke Eistüte zeigt sehr anschaulich, wie sich durch ein paar geschickte Falten selbst eine eigentlich sehr schlichte Serviettenform effektvoll gestalten lässt. Versetzt angelegte, schräg verlaufende Kanten betonen die strenge Kontur und verleihen ihr gleichzeitig eine interessante Optik.
Eine unifarbene Serviette mit edler Struktur lässt diese Details besonders gut zur Geltung kommen. Werden Servietten mit Streifendesign zur Eistüte gefaltet, erhalten Sie durch schräge, versetzt zueinander verlaufende Linien ein graphisch sehr ausdrucksvolles Ergebnis. Falls Sie sich aber doch lieber für die einfarbige Variante entscheiden sollten: Mit ein paar in die Tütenöffnung geschobenen Accessoires, wie zum Beispiel kleinen Blüten, lässt sich die Eistüte noch zusätzlich verschönern.

**Faltanleitung**

1. Beginnen Sie mit einer hälftig einmal quer und einmal längs zu einem Quadrat gefalteten Serviette. Die handelsüblichen Vlies- oder Papierservietten sind bereits auf diese Art und Weise vorgefaltet, ersparen Ihnen also diesen Arbeitsschritt.

2. Drehen Sie die Serviette nun so vor sich, dass sie auf einer Spitze steht, und die vier frei übereinander liegenden Stofflagen sich auf der linken Seite befinden. Die obere Spitze sollte aus zwei doppellagigen Ecken bestehen. Fassen Sie nun die oberste dieser beiden Spitzen, und falten Sie diese nach unten auf die untere Spitze.

3. Wenden Sie die Serviette dann von links nach rechts auf die Rückseite.

4. Falten Sie jetzt die Serviette in einer diagonalen Linie von der unteren Spitze aus zu etwa $1/3$ nach links. Abbildung 4 zeigt Ihnen, wie die Serviette nach diesem Arbeitsschritt aussehen sollte.

5. Über das umgefaltete Drittel wird nun das linke Drittel der Serviette gefaltet, ebenfalls in einer diagonalen Linie von der unteren Spitze aus. Falls die Faltung des vorherigen Arbeitsschrittes sich dabei als zu schmal oder zu breit erweist, können Sie dies jetzt noch korrigieren.
In jedem Fall sollten zum Schluss die umgefalteten Drittel genau bündig übereinander liegen, bzw. miteinander abschließen, und das untere Serviettenende in einer schmalen Spitze münden.

6. Die rechte Spitze des jetzt oben liegenden Drittels wird dann, entlang der darunter schräg verlaufenden Kante eingeschlagen und nach innen geschoben.

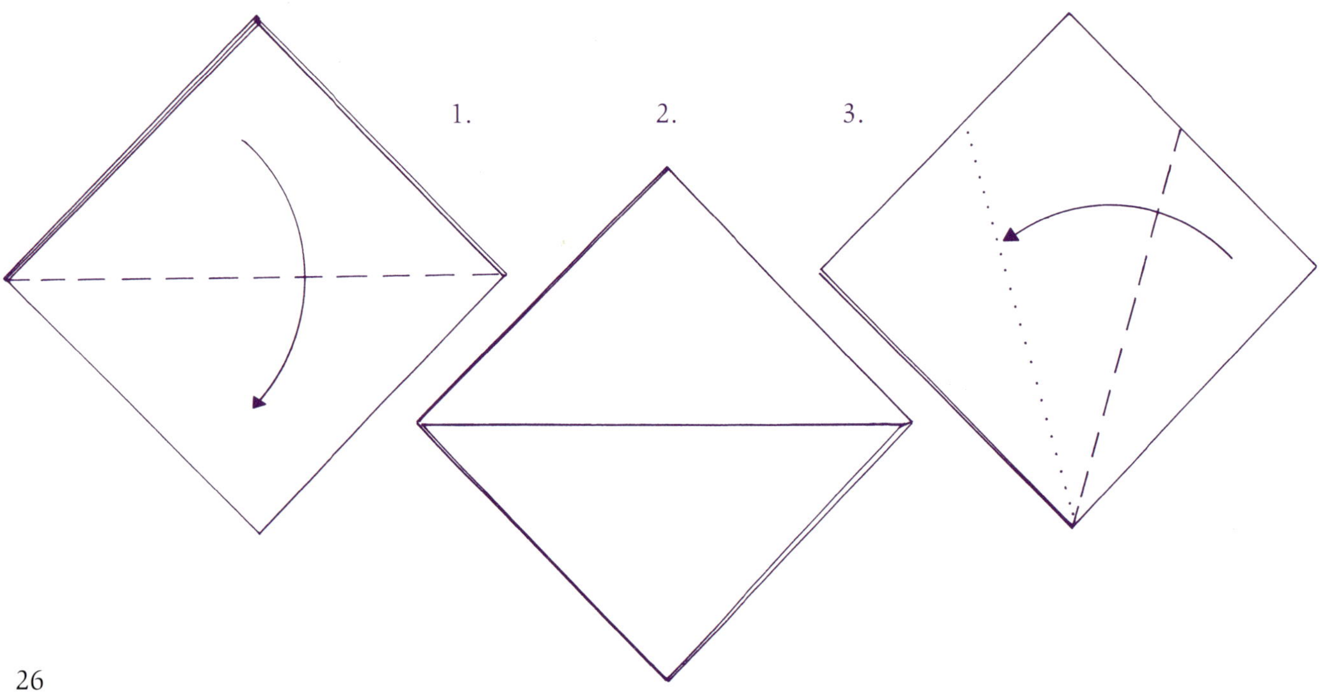

4.

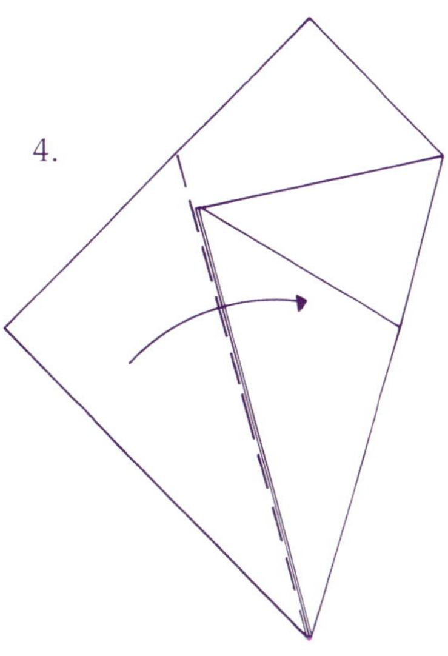

5.

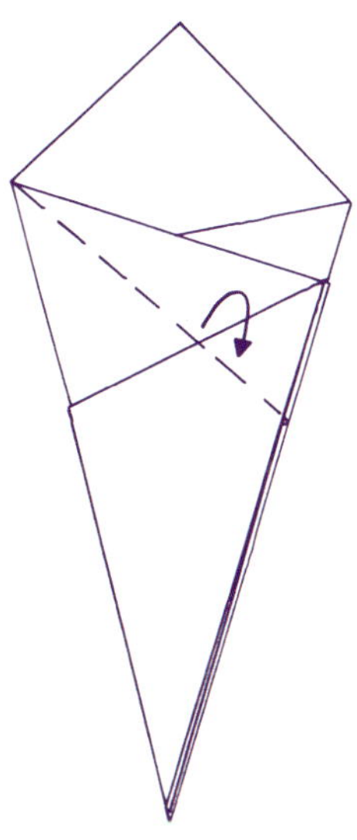

6.

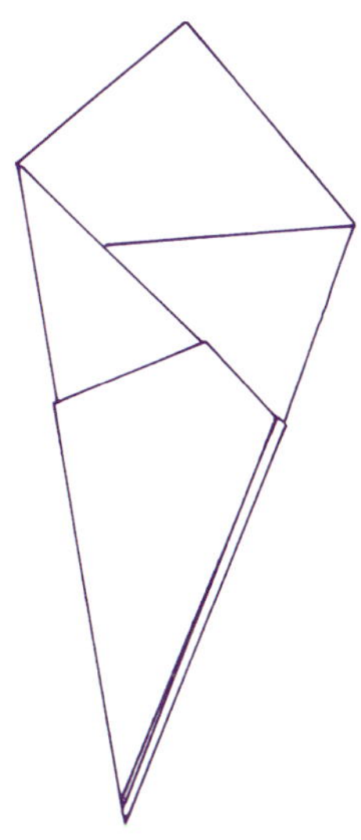

# Fisch

Als wahrer Augenschmaus und originelle Dekorationsidee präsentiert sich diese Serviette in Fischform. Nicht nur als stilvolle Serviettenform zum Fischessen, auch zu anderen Gelegenheiten erweist sich diese formvollendete Serviettenfigur als attraktiver Blickfang. So verleiht er aus farbenfrohen Papierservietten gefaltet, oder wie auf unserer Abbildung, mit wildem Tigermuster als exotischer Tropenfisch einem asiatischen Essen das passende fernöstliche Ambiente.
Unser Fisch ist aber nicht nur eine eindrucksvolle, sondern auch sehr einfache Serviettenfigur. Seine Kontur kommt nämlich lediglich durch eine simple Falttechnik und ein paar Kniffe zustande – ob Sie dabei Papier- oder Stoffservietten den Vorzug geben, spielt keine Rolle. Verwenden Sie nur nach Möglichkeit Servietten nicht größer als 35 x 35 cm, damit der Fisch nicht zu flächig wird.

1.

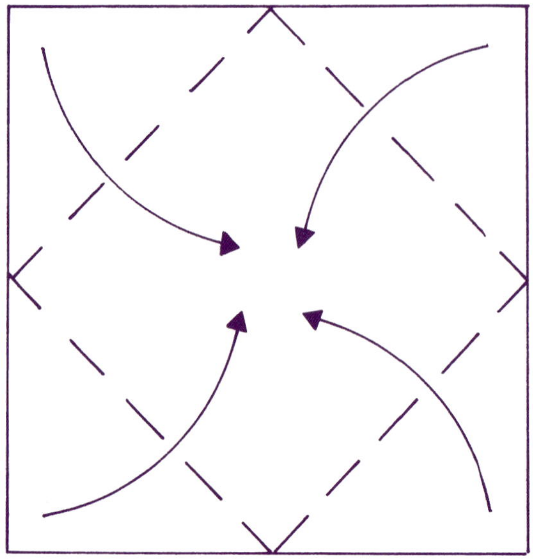

2.

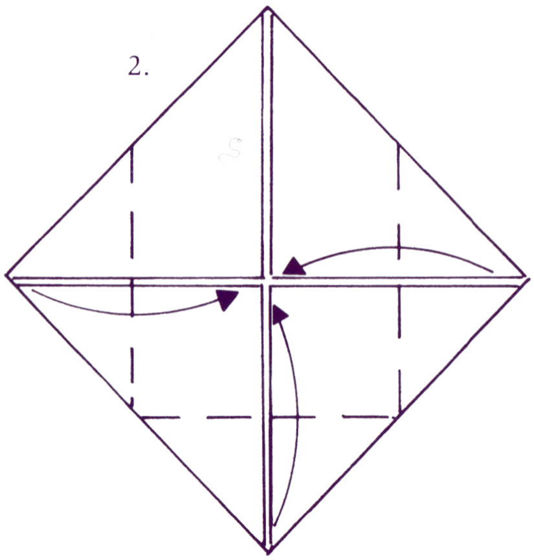

3.

**Faltanleitung**

1. Legen Sie die Serviette gerade vor sich, mit der rechten Seite nach unten zeigend. Brechen Sie nun alle Ecken diagonal nach innen, zum Mittelpunkt.

2. Falten Sie nun nochmals die äußeren und die untere Ecke diagonal nach innen zur Mitte.

3. Wenden Sie die Serviette vorsichtig.

4. Jetzt werden die beiden unteren Ecken diagonal nach innen zur Serviettenmitte gebrochen.

5. Fixieren Sie mit dem Zeigefinger der linken Hand die Spitzen der umgefalteten Ecken. Fassen Sie nun die unter der unteren Ecke der Serviette frei liegende Ecke und ziehen diese vorsichtig nach außen und etwas nach oben, sodass sie sich leicht nach außen stülpt. Fassen Sie nun nochmals unter die Serviette, um zunächst die linke, frei unter dem unteren Ende der Serviette liegende Spitze nach außen zu ziehen. Gehen Sie bei der rechten Ecke ebenso vor.

6. Platzieren Sie nun den fertigen Fisch vorsichtig auf dem Teller.

4.

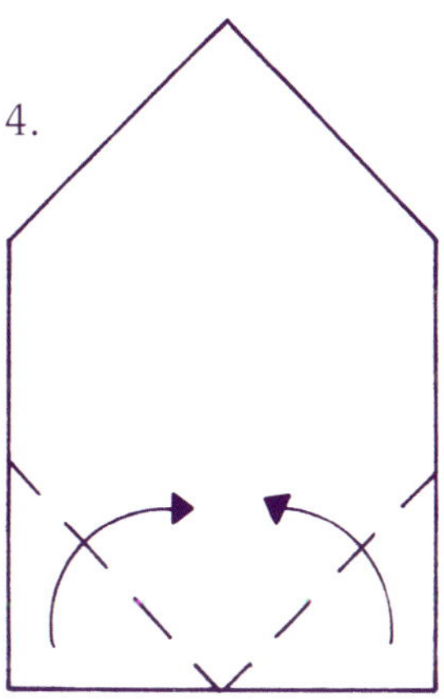

5.

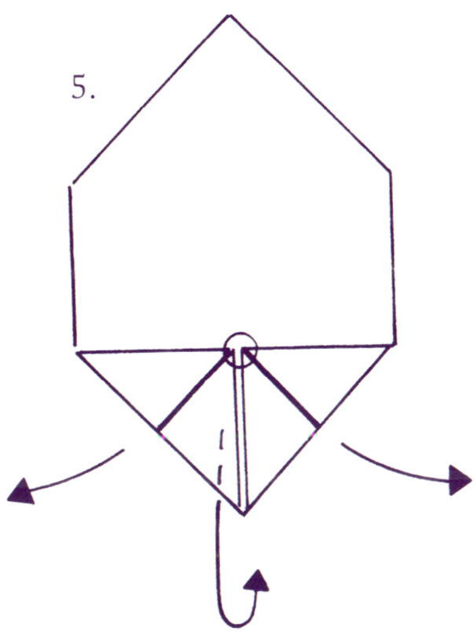

6.

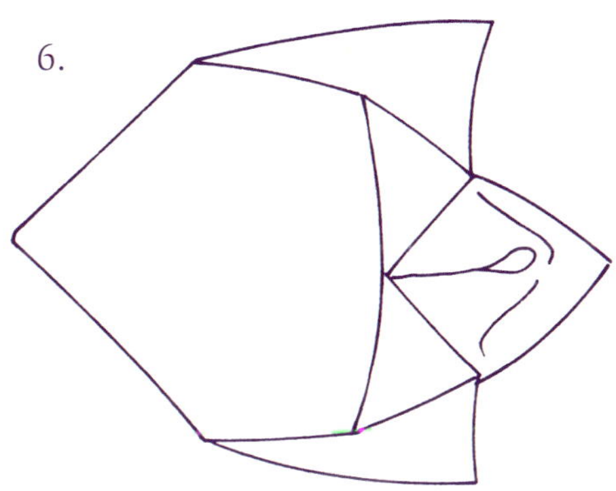

# Flache Pfeilspitze

Wenn Sie die edlen Stoffe oder ausdrucksvollen Muster Ihrer Servietten gebührend zur Geltung bringen wollen, sollten Sie sich eher für eine schlichte Serviettenform wie diese schlanke Pfeilspitze entscheiden. Dass schlicht in diesem Zusammenhang nicht unbedingt gleichbedeutend mit unscheinbar, sondern eher als Ausdruck vornehmender Eleganz zu verstehen ist, beweist sehr eindrucksvoll diese Pfeilspitze.
Falls Sie die durchschlagende Wirkung des attraktiven Pfeils einmal an heimischer Tafel ausprobieren möchten, können Sie dies schon mit einfachen, handelsüblichen Papierservietten in die Tat umsetzen. Wenn Sie Stoffservietten vorziehen, sollten diese nicht größer als 35 x 35 cm sein, damit Ihr Pfeil nicht zu groß und flächig ausfällt.

**Faltanleitung**

1. Zu Beginn sollten Sie die Serviette ausbreiten und diagonal ausrichten, sodass eine Spitze zu Ihnen zeigt. Achten Sie darauf, dass die rechte Seite nach unten zeigt. Falten Sie die Serviette waagerecht in der Hälfte nach unten zu einem Dreieck.

2. Falten Sie die untere Spitze des Dreiecks nun nach oben, auf den Mittelpunkt der Oberkante.

1.

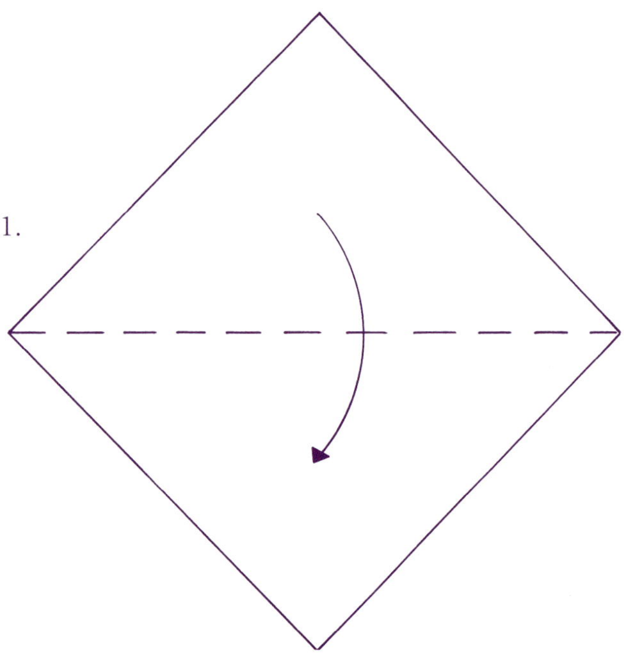

3. Anschließend werden die Seiten der Serviette in der Hälfte diagonal vom Mittelpunkt der Oberkante aus nach innen gebrochen und zwar so, dass die Oberkanten der Serviette entlang der Seitenkanten des umgefalteten Dreiecks zu liegen kommen.

4. Die umgeschlagenen Seiten werden nun nochmals diagonal nach innen gebrochen. Die Oberkanten der Serviettenhälften sollten nach der Faltung nebeneinander senkrecht über der Serviettenmitte liegen.

5. Die Serviette wird jetzt nur noch gewendet.

6. Und schon präsentiert sich Ihnen eine flache, formvollendete Pfeilspitze

2.

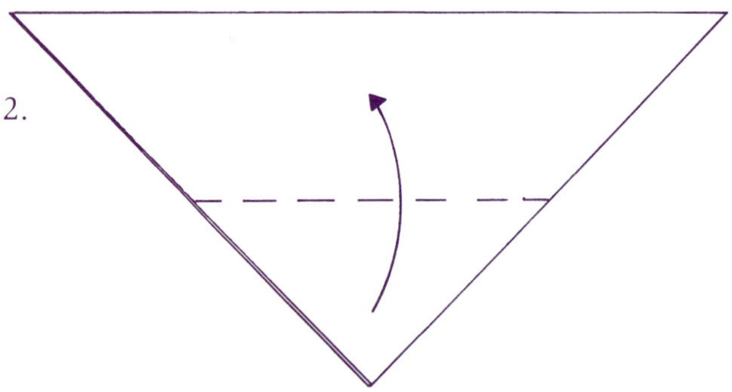

3.

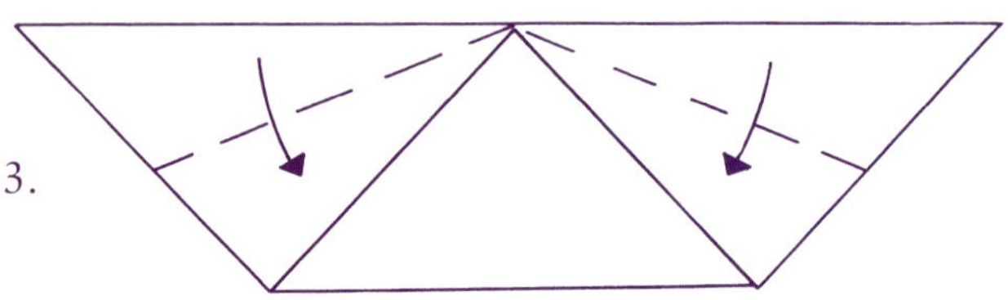

4.

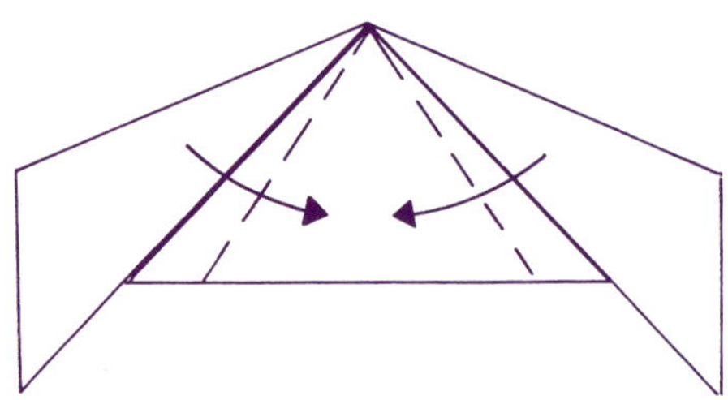

5.

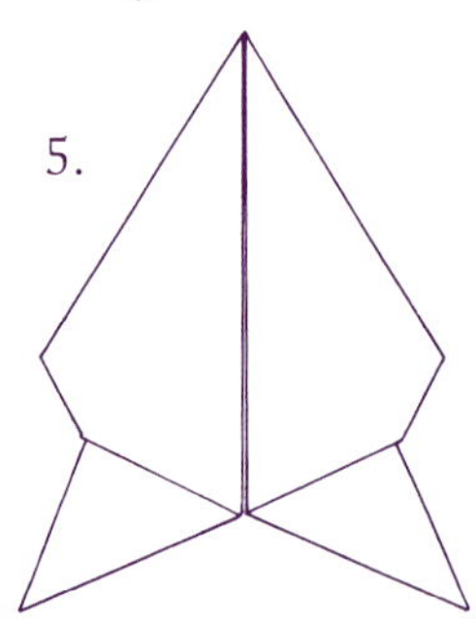

6.

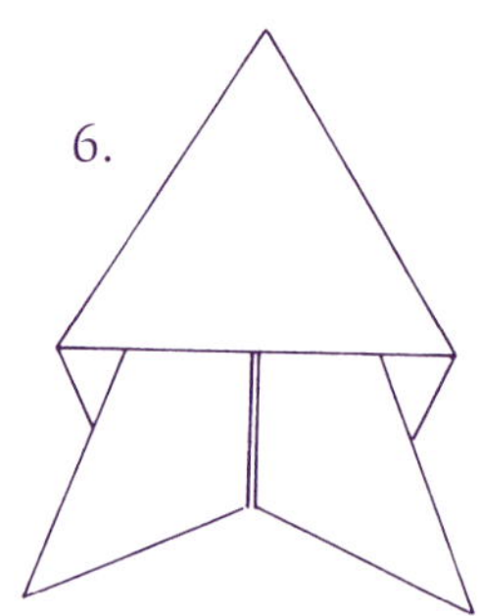

# Primadonna

Einem solch verheißungsvollen Namen gerecht zu werden, der gemeinhin als Synonym für Grazie und Schönheit gilt, bedarf es schon einer ganz besonderen Serviettenkreation – einer Figur, die gekonnt die Raffinesse der traditionsreichen Serviettenfaltkunst mit eleganter Leichtigkeit verbindet.
Nun, Sie müssen zugeben, dass unsere Primadonna, aus duftigen Stofflagen geschaffen, diese Erwartungen mehr als erfüllt.
Wie zu erwarten, stellt eine Primadonna natürlich auch gewisse Ansprüche. Für ihren großen Auftritt bedarf es einer ca. 40 x 40 bis 45 x 45 cm großen Stoffserviette, wenn möglich aus edlem Stoff, wie Damast, Leinen oder duftigem Batist. Eigentlich verfügt die formschöne Primadonna über genügend Standfestigkeit. Bei zu weichen Stoffen empfiehlt es sich aber, mit etwas Sprühstärke unterstützend einzugreifen. Wenn Sie jetzt noch erfahren, wie einfach sich diese kunstvolle Figur aus einer Stoffserviette zaubern lässt, wird sie in Zukunft sicher auch bei Ihren Tischdekorationen eine Hauptrolle spielen.

**Faltanleitung**

1. Die Serviette sollte zu Beginn ausgebreitet vor Ihnen liegen, wie ein auf der Spitze stehendes Quadrat. Achten Sie darauf, dass die rechte Seite unten liegt. Brechen Sie nun die Serviette waagerecht in der Mitte nach oben zu einem Dreieck.

2. Im nächsten Schritt werden dann die seitlichen Spitzen vom Mittelpunkt der Unterkante aus diagonal nach oben auf die Spitze gebrochen.

3. Die Serviette, die nun wieder wie ein auf der Spitze stehendes Quadrat vor Ihnen liegt, wird nun waagerecht in der Hälfte nach hinten gebrochen, die untere Serviettenhälfte also nach hinten umgefaltet, sodass wieder ein Dreieck entsteht.

4. Die beiden losen Flügel, die jeweils die seitlichen Hälften der obersten Stofflage bilden und frei über der Serviette liegen, werden nun an der Spitze gefasst und senkrecht aufgestellt. Mit leichtem Druck auf ihre senkrechten Faltkanten werden sie nach unten auf die Serviettenunterkante gedrückt.

5. Bei diesem Vorgang öffnen sich die spitzen Flügel automatisch, um sich dann als kleine Quadrate quer über die seitliche, untere Serviettenhälfte zu legen. Arbeiten Sie beide Seiten gegengleich. Da aus diesen kleinen Quadraten im nächsten Schritt die üppigen Falten werden sollen, dürfen Sie die Kanten nicht ausstreichen. Sonst können diese Falten nicht weich fallen und haben auch nicht das nötige Volumen, um die fertige Serviette genügend seitlich abzustützen.

6. Die Serviette sollte nun wie in Zeichnung 6 gezeigt vor Ihnen liegen. In diesem Schritt werden jetzt die beiden kleinen Quadrate jeweils waagerecht in der Hälfte gebrochen und locker nach oben umgeschlagen. Auch hier streichen Sie die Kanten nicht flach aus, damit die schrägen Innenkanten der entstandenen seitlichen Doppelfalten weich und leicht gerundet aufspringen.

7. Sie brauchen jetzt nur noch die beiden seitlichen Spitzen der Serviette nach hinten, unter die Serviette, zu schlagen, bis sie sich in der Mitte treffen.

8. Die Primadonna stellt sich dabei automatisch auf, die seitlichen Doppelfalten springen auf und geben der Figur den nötigen Halt.

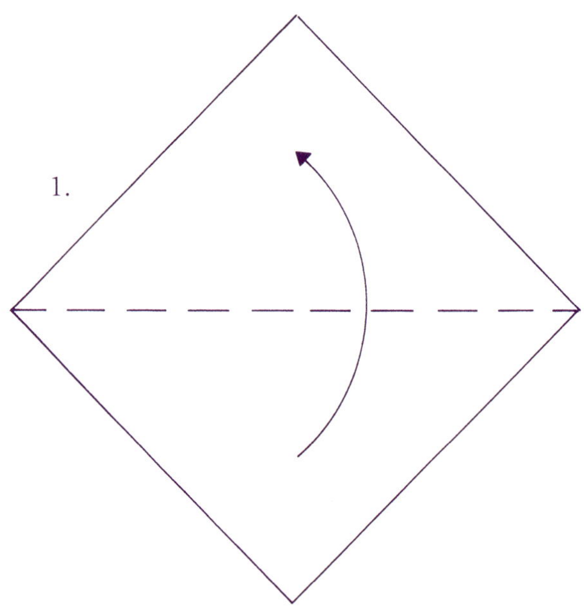

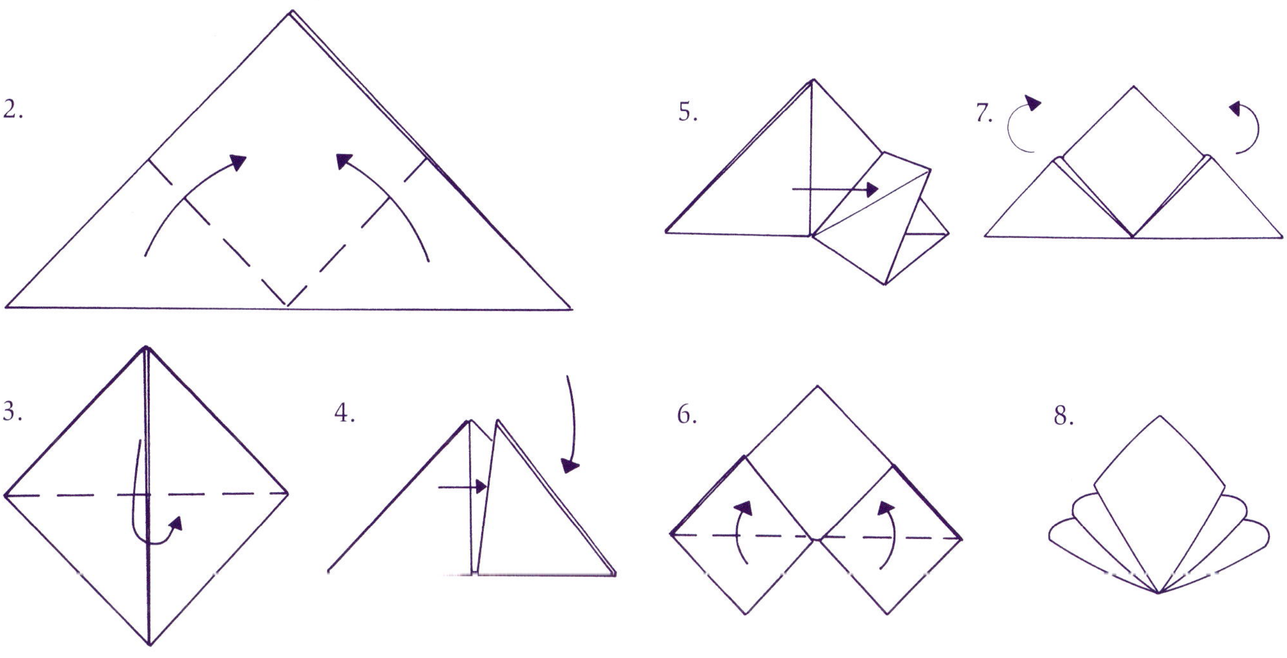
2.
5.
7.
3.
4.
6.
8.

# Quadrat

Wer würde hinter dieser schlichten Bezeichnung eine derart reizvolle Schönheit vermuten?
Und doch verbirgt sich dahinter eine interessante Serviettenkreation, die offensichtlich weit mehr zu bieten hat als die quadratische Kontur – nämlich eine spannungsgeladene Optik, die durch den Gegensatz von strengen, geraden Kanten und weichen, eingeschlagenen Stofflagen wirkt.
Für das Quadrat lassen sich schon einfache 30 x 30 cm große Papier- oder Vliesservietten verwenden, da bei dieser Figur weder die vorgestanzten Faltkanten, noch die leider meist weiße Rückseite der handelsüblichen Servietten stören. Falls Sie es edler mögen, können Sie das Quadrat natürlich auch aus Stoff falten. Für welche Variante Sie sich aber letztendlich auch entscheiden werden, verzichten Sie nach Möglichkeit auf jegliches Muster. In unifarbenem Material kommt die interessante Optik am besten zur Geltung.

**Faltanleitung**

1. Legen Sie eine Serviette ausgebreitet gerade vor sich, wieder mit der rechten Seite nach unten. Brechen Sie alle Ecken diagonal nach innen zum Mittelpunkt.

2. Schlagen Sie die Serviette zur Hälfte schräg nach hinten um, und zwar, wie auf der Zeichnung gezeigt, in einer Linie, die quer durch den Mittelpunkt der unteren linken, bis zum Mittelpunkt der oberen rechten Seite verläuft.

3. Drehen Sie die Serviette nun etwas nach rechts, sodass Sie gerade vor Ihnen liegt und die schmale Seite zu Ihnen zeigt. Falten Sie jetzt die Serviette waagerecht in der Hälfte nach unten.

4. Vor diesem Arbeitsschritt müssen Sie die Serviette zunächst wieder in Position drehen, und zwar so, dass die rechte untere Ecke des Quadrats die obere Spitze eines diagonal stehenden Quadrates bildet. Wenn die obere Hälfte Ihrer Serviette aus vier losen Stofflagen besteht, befindet sich die Serviette in der richtigen Position.
Fassen Sie nun die oberste der vier freien Spitzen. Falten Sie diese Spitze nun nach innen, und schieben Sie sie komplett in die taschenförmige Öffnung, die von der ersten und zweiten Stofflage in der unteren Serviettenhälfte gebildet wird, bis die Faltkante genau waagerecht über die Serviettenmitte verläuft.

5. Die nächste, obere Spitze wird nun locker nach vorne umgeschlagen und ihr Ende unter die waagerecht verlaufende Kante gesteckt.

6. Das fertige Quadrat arrangieren Sie dann auf der Spitze stehend auf dem Gedeck.

1.

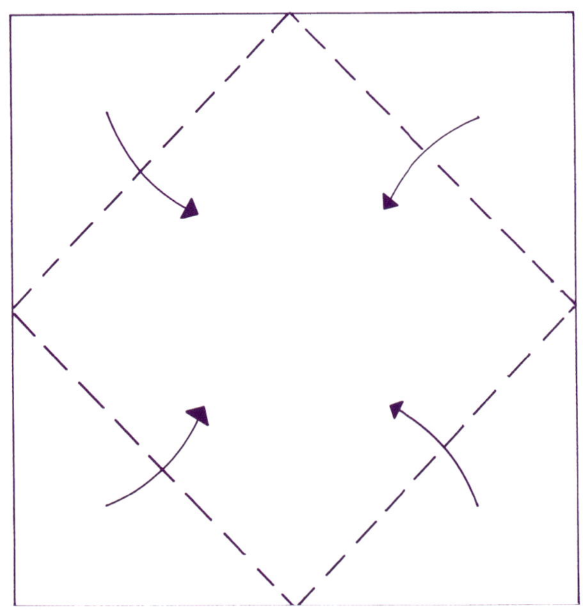

2.

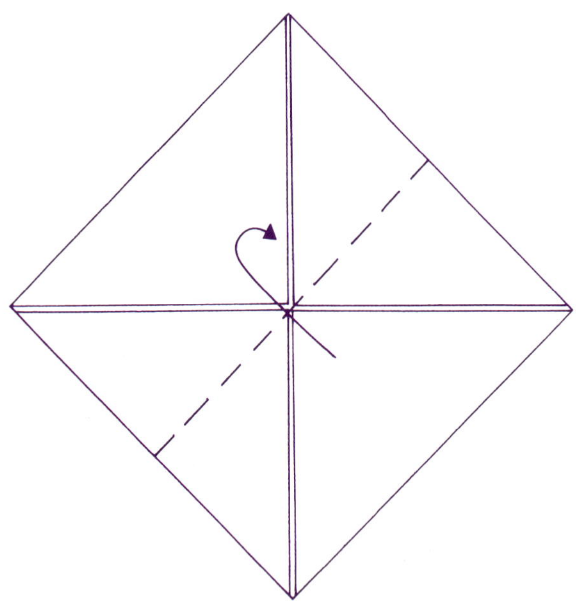

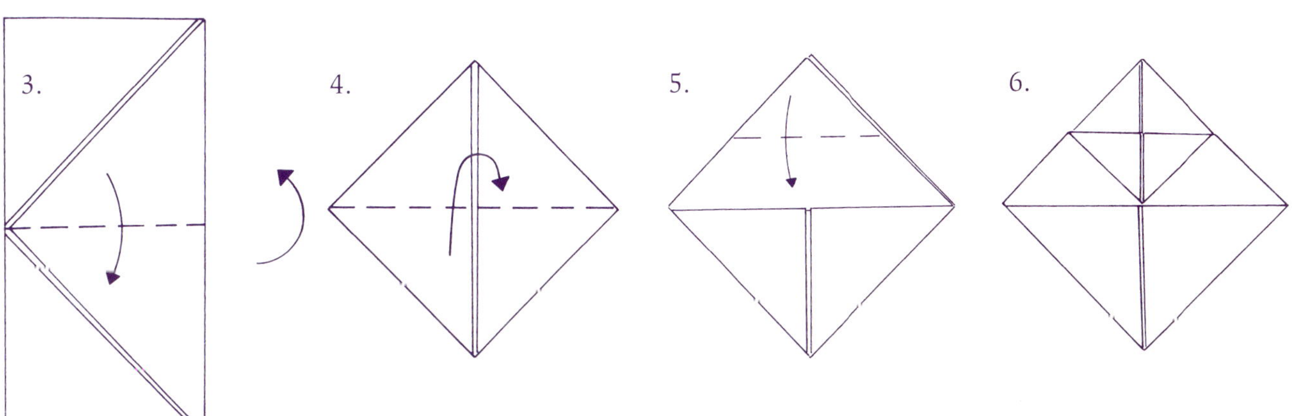
3.
4.
5.
6.

# Rolle mit Spitze

Die Rolle ist eine sehr alte, klassische Serviettenform, die in erster Linie durch ihre Schlichtheit besticht. In dieser Variante, mit sichtbarer Spitze, werden Sie sie als ideale Besetzung schätzen lernen, wenn es darum geht, aufwändige Spitzenkanten, edle Hohlsäume oder bunte Bordüren effektvoll zur Geltung zu bringen. Auch Monogramme oder hübsche Stickereien lassen sich auf der Rolle mit Spitze stilvoll in Szene setzen.

Die altehrwürdige Rolle ist eine typische Serviettenform für Stoffservietten. Vliesservietten lassen sich zwar auch verwenden, jedoch stören schon handelsüblich vorgefaltete Falzkanten die klare Optik der fertigen Figur. Papierservietten sind leider zu dünn und zu weich, um als Rolle eine gute Figur zu machen.

### Faltanleitung

1. Legen Sie die Serviette ausgebreitet vor sich, und drehen Sie sie auf eine Spitze. Diesmal zeigt die rechte Seite nach oben. Falls Sie auf der Spitze eine Stickerei zur Geltung bringen möchten, sollte diese zu Beginn sichtbar auf der oberen Serviettenspitze liegen. Die untere Serviettenspitze wird nun zu etwa 1/3 der Gesamthöhe nach oben gebrochen.

2. Dann wird die Serviette gewendet.

3. Auf dieser Seite wird die obere Spitze gegengleich, also etwa in derselben Höhe wie vorher die untere Spitze, nach unten gefaltet. Die Spitze sollte nach diesem Faltgang etwas oberhalb der Unterkante enden.

4. Die Serviette wird nun noch einmal gewendet.

5. Im nächsten Schritt werden die beiden äußeren Ecken zunächst nach innen umgeschlagen, dann die beiden Seiten nochmals nach innen übereinander geschlagen.

6. Schieben Sie nun die beiden nach innen gefalteten Seiten am oberen Ende ineinander. Diese beiden letzten Faltungen sollten sehr locker vorgenommen werden. Also auf keinen Fall die Falzkanten flach ausstreichen, sondern den Stoff nur einschlagen! Denken Sie daran, dass die fertige Figur die Optik einer weichen Rolle erhalten soll.

7. Abschließend wenden Sie die Serviette und arrangieren sie liegend auf dem Teller.

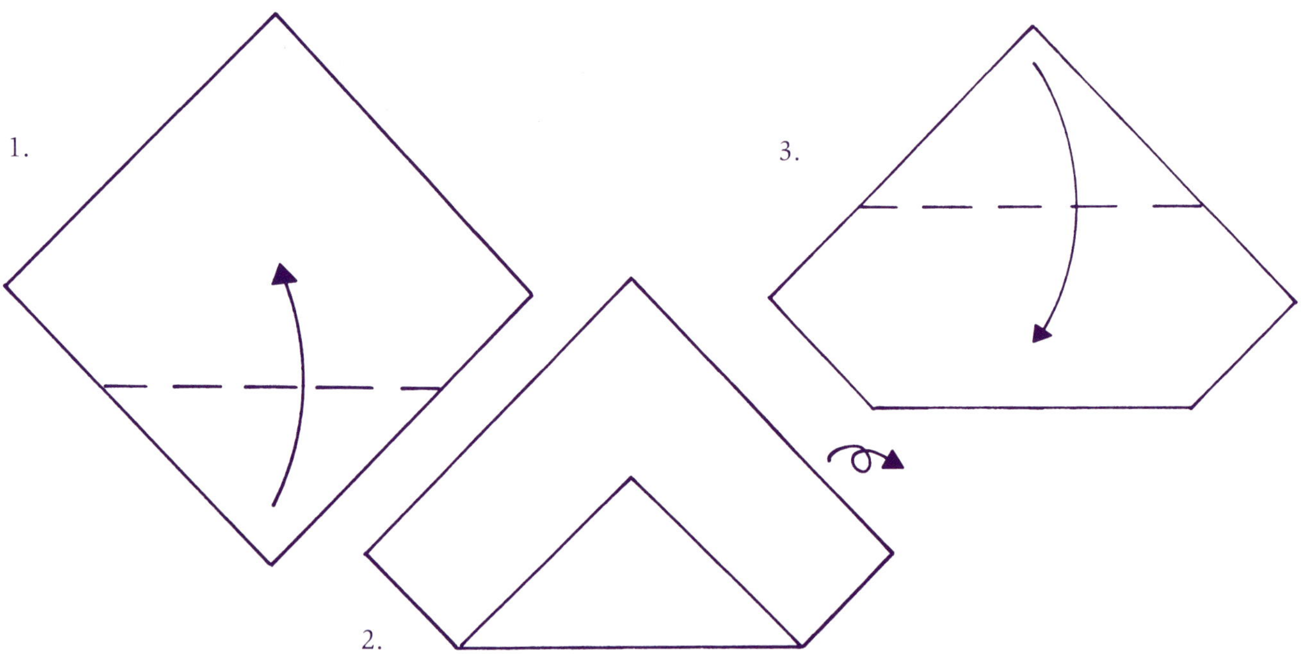

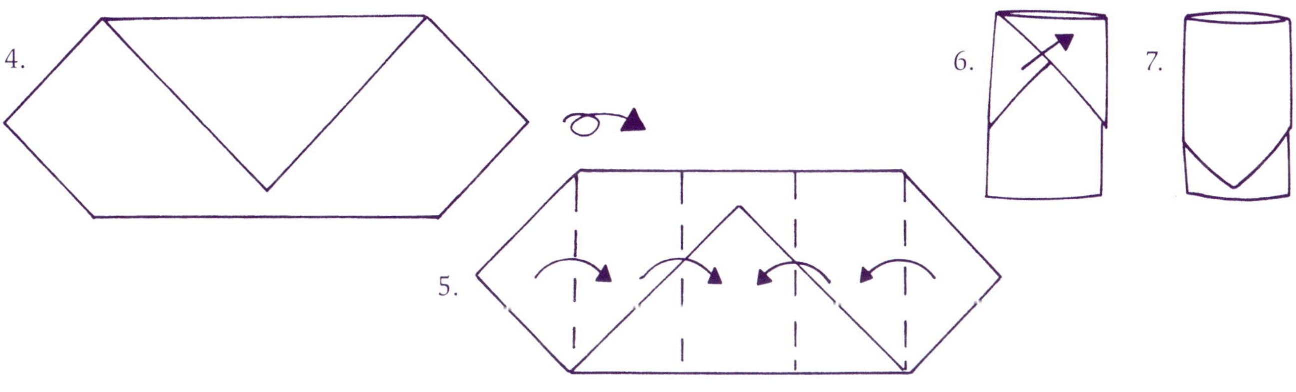
4.
5.
6.
7.

# Sibylle

Ob aus einfarbigem Stoff gefertigt oder aus Papier mit hübschem Muster, oft sind es gerade die schlichten Serviettenformen, die einen besonderen Reiz ausstrahlen. Und sie besitzen darüber hinaus den unschlagbaren Vorteil, dass sie garantiert immer gelingen. So auch die so genannte Sibylle, die stolz und aufrecht auf breiten Schwingen ruht.
Woher allerdings ihr Name rührt, kann ich nicht sagen. Vielleicht wurde sie vor langer Zeit einfach nur nach einem dienstbaren Geist benannt, und als einen solchen werden Sie die hübsche Sibylle bestimmt zu vielen Gelegenheiten schätzen lernen.

**Faltanleitung**

1. Um die aparte Sibylle zu fertigen, legen Sie zunächst eine Serviette gerade ausgebreitet vor sich, mit der rechten Seite nach unten. Brechen Sie nun die Serviette waagerecht in der Hälfte nach unten zu einem Rechteck.

2. Falten Sie nun die seitlichen, oberen Ecken diagonal vom Mittelpunkt der Oberkante aus nach unten, auf den Mittelpunkt der Unterkante, sodass die Serviette nun als Dreieck vor Ihnen liegt.

3. Die seitlichen Flügel werden im nächsten Schritt vom Mittelpunkt der Unterkante aus diagonal nach oben auf die obere Spitze gefaltet. Die Serviette sollte nun die Form eines auf der Spitze stehenden Quadrates haben.

4. Dieses Quadrat wird nun senkrecht in der Mitte zu einem Dreieck gebrochen, indem Sie die linke Seite nach hinten umklappen.

5. Nun brauchen Sie die Serviette nur noch auf die untere Kante zu stellen. Die hochgeklappten Ecken fallen dabei herunter und geben, etwas auseinander gezogen, der Figur den nötigen Stand.

1.

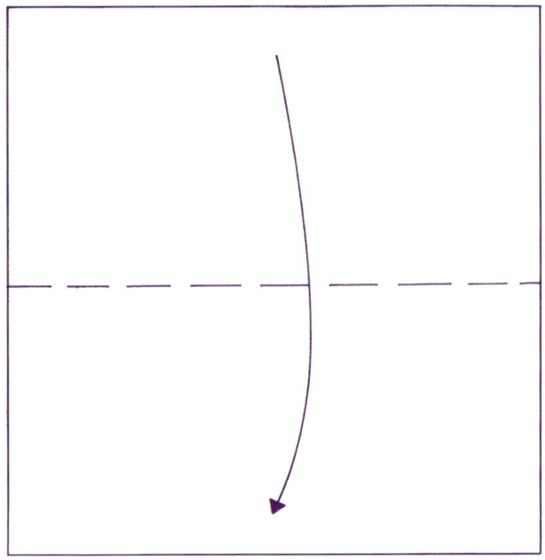

2.

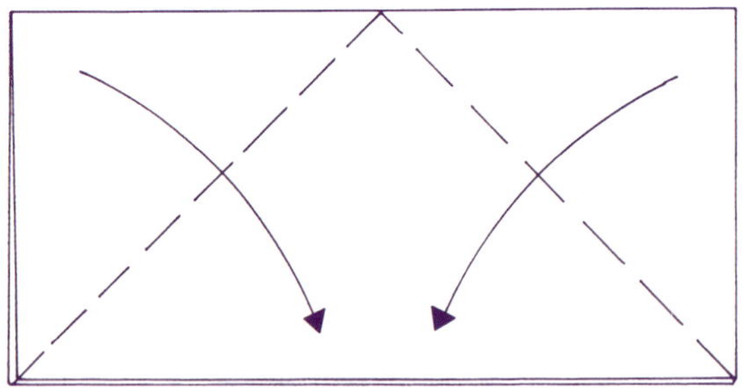

3.

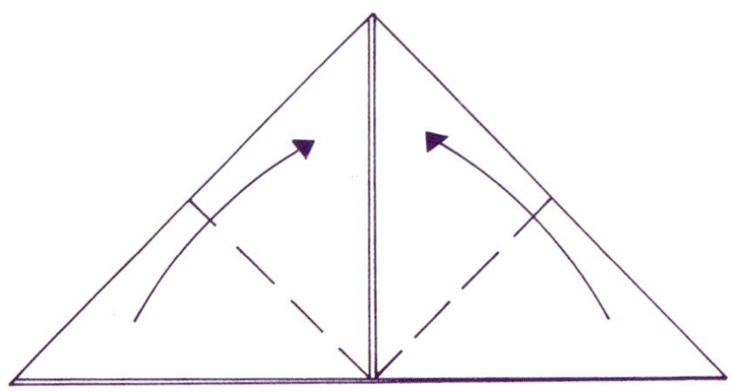

4.

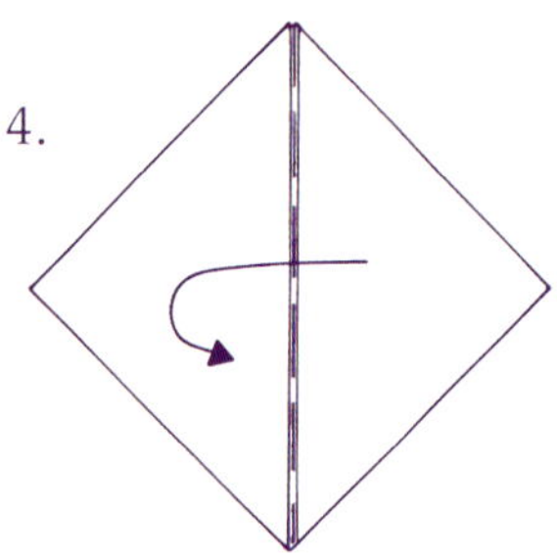

5.

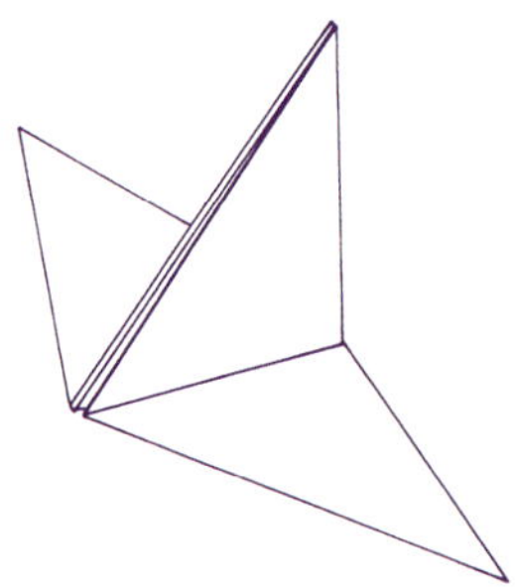

# Eisvogel

Wie die raffinierte Falttechnik vermuten lässt, entstammt dieser extravagante Eisvogel eigentlich der Origami-Papierfaltkunst. Ein eigenwilliger Neuzugang also, der aber auch in Stoff gearbeitet eine gute Figur macht. Um dieses hübsche Exemplar zu fertigen, können Sie beliebiges Serviettenmaterial in gängiger Größe verwenden.

### Faltanleitung

1. Legen Sie eine Serviette mit der rechten Seite nach unten vor sich und drehen sie auf eine Spitze. Dann falten Sie die oberen seitlichen Kanten diagonal von der oberen Spitze aus nach innen, bis sie sich senkrecht über der Mitte treffen.

2. Nun bricht man die untere Spitze über die waagerechten Kanten nach oben, sodass ein gleichschenkliges Dreieck entsteht.

3. Nun faltet man das untere Drittel der Serviette nach oben.

4. Wenden Sie jetzt die Serviette.

5. Falten Sie die obere Spitze zunächst um etwa 5 cm nach unten und dann ungefähr 2/3 der umgefalteten Spitze wieder zurück nach oben. Sehen Sie in Zeichnung 5, wie die Spitze nun aussehen sollte.

6. Fassen Sie unter die beiden seitlichen Ecken, rechts und links neben der Spitze, und drücken Sie diese vorsichtig zusammen, bis sie die sich dabei aufrichtende Spitze umschließen.

7. Falten Sie die vorstehende Spitze nun flach nach links.

8. Brechen Sie die gesamte Serviette nun senkrecht in der Hälfte nach hinten um. Legen Sie sie danach flach auf die Seite.

9. Der ausgearbeitete Kopf ist nun schon erkennbar. Fassen Sie nun die oberste der beiden rechten unteren Ecken, und falten Sie diese diagonal nach oben, bis die ehemalige Unterkante dieser Stofflage senkrecht über der Vorderkante zu liegen kommt.

10. Die umgefaltete Kante wird im nächsten Schritt wieder diagonal zurück auf die diagonale Faltkante gefaltet, die im vorherigen Arbeitsschritt entstanden ist.

11. Wenden Sie die Serviette auf die Rückseite.

1.

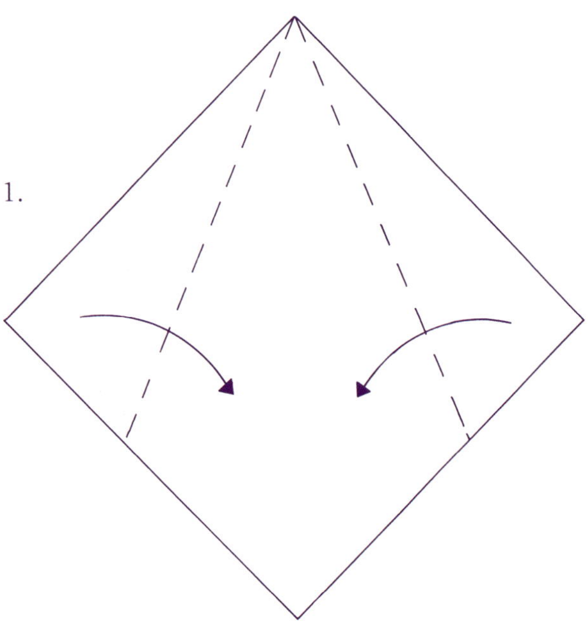

2.

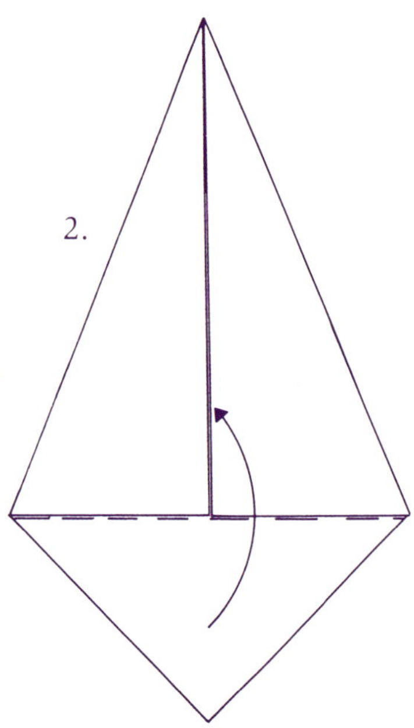

3.

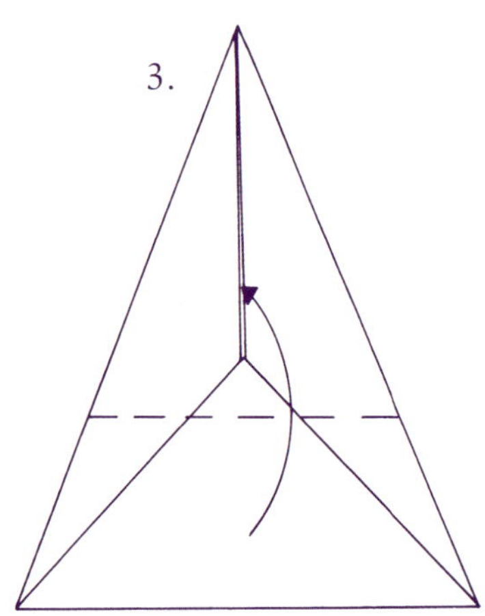

12. Auf dieser Seite wird nun auch wieder die Unterkante zunächst diagonal nach vorne auf die Vorderkante und dann wieder zurück auf die diagonale Faltkante gebrochen, damit auch auf dieser Seite Flügel und Körper des Vogels ausgearbeitet werden.

13. Den fertigen Eisvogel stellen Sie nun mit dem unteren Ende in ein schmales Glas – und fertig ist eine eindrucksvolle Tischdekoration.

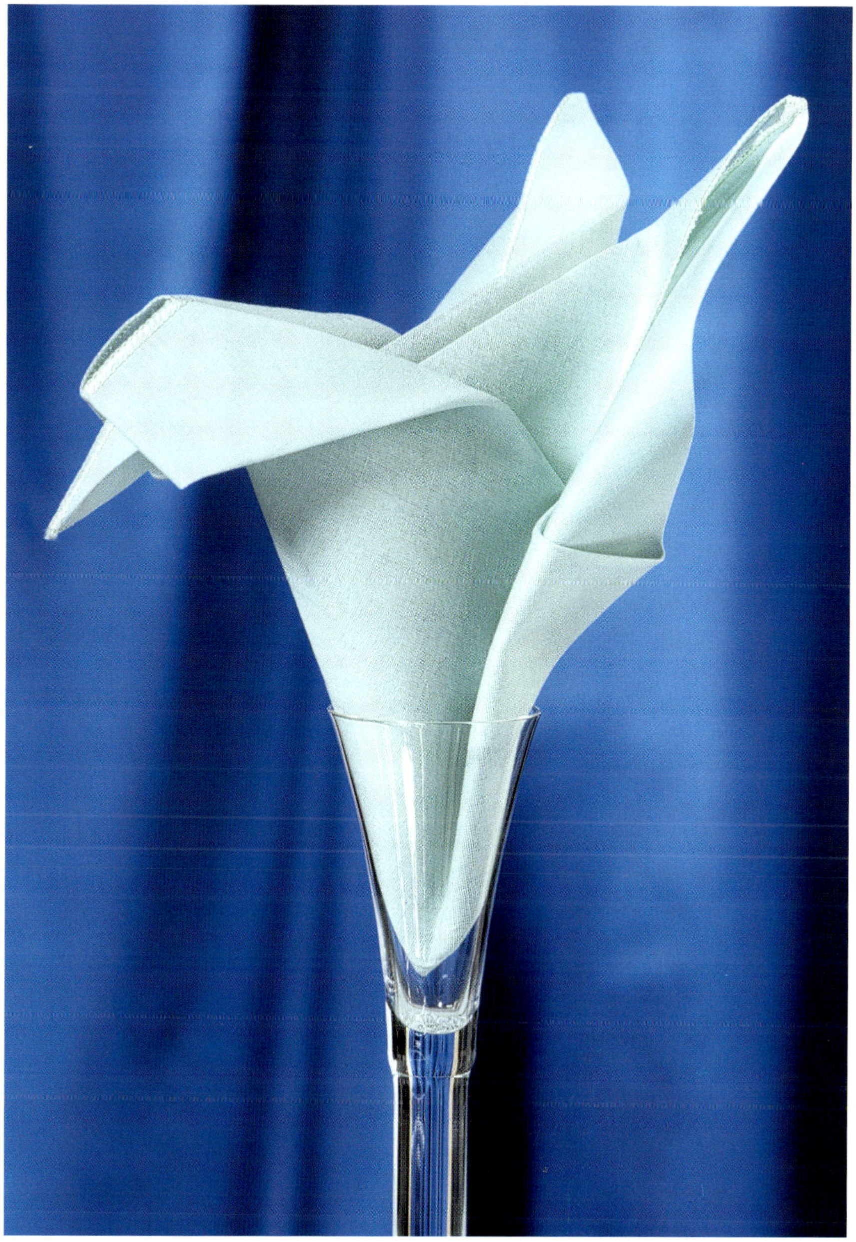

4.

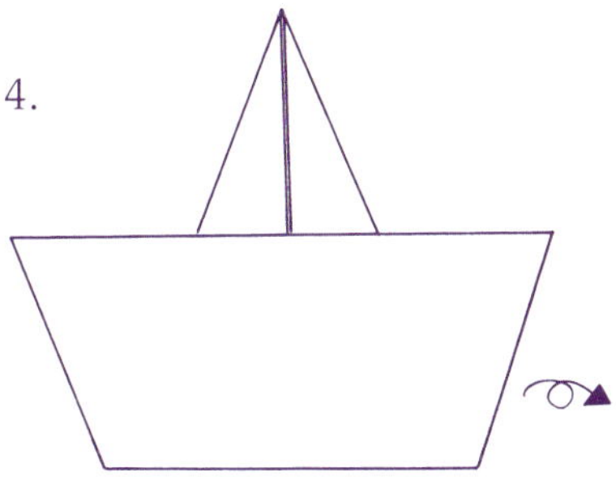

5.

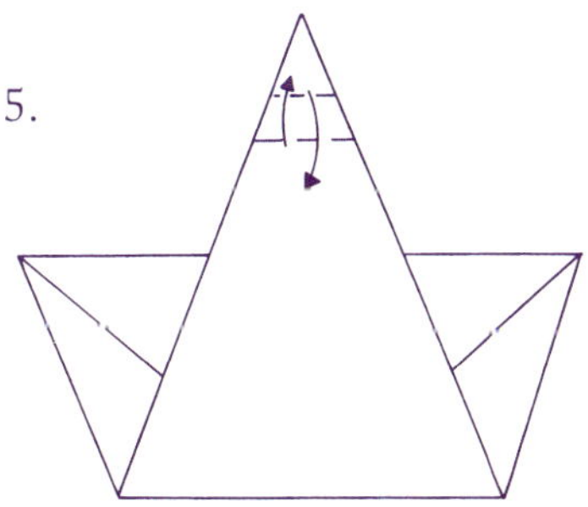

6.

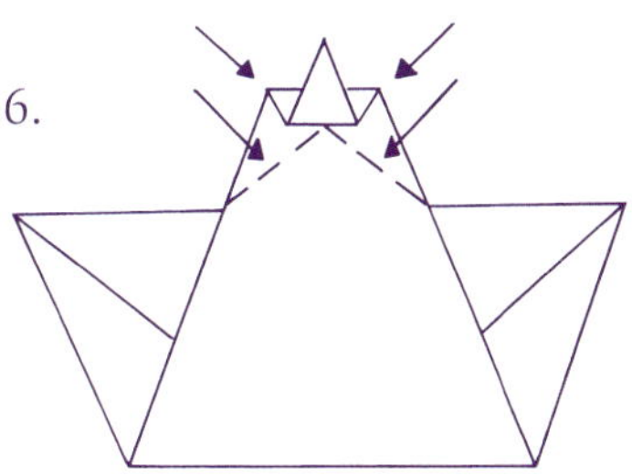

7.

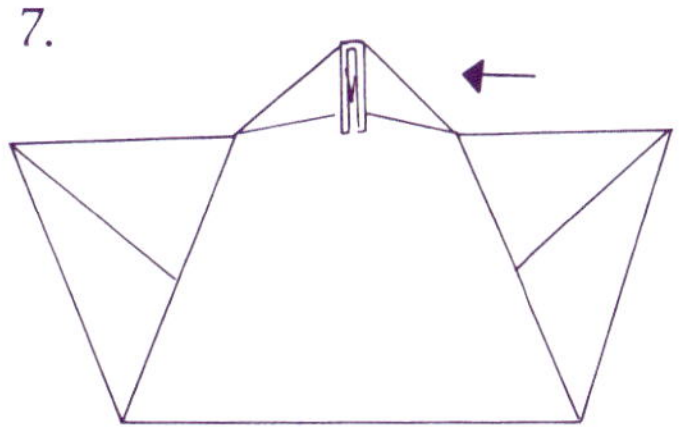

8.

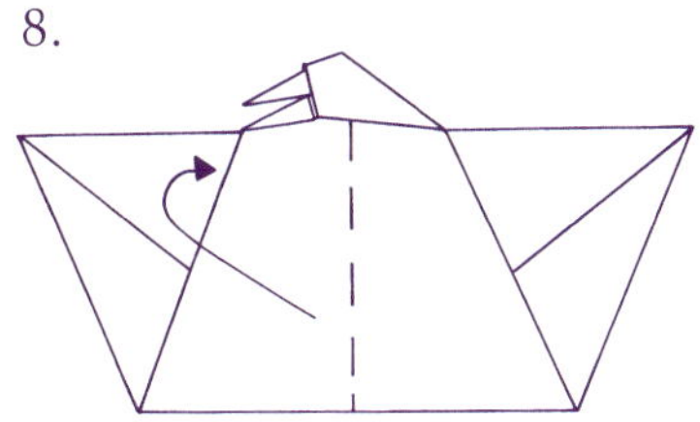

9.

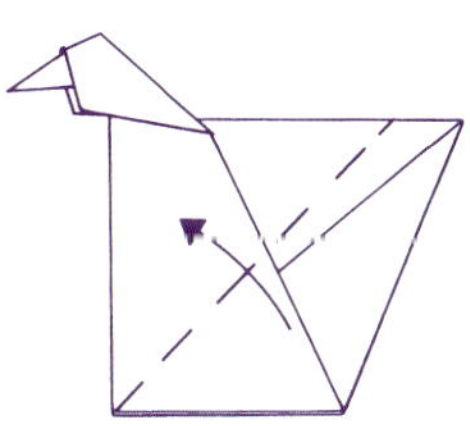

10.

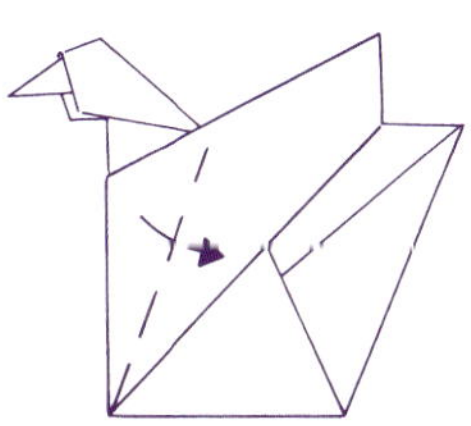

11.

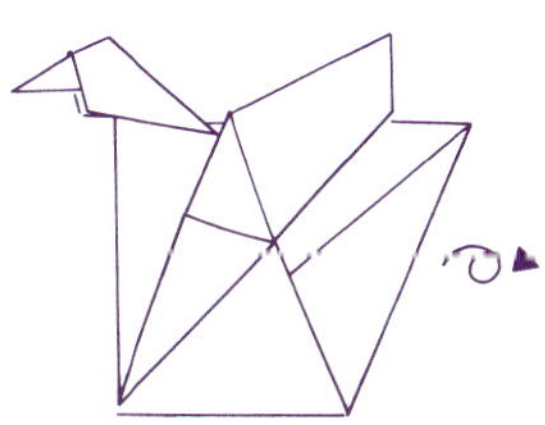

12.

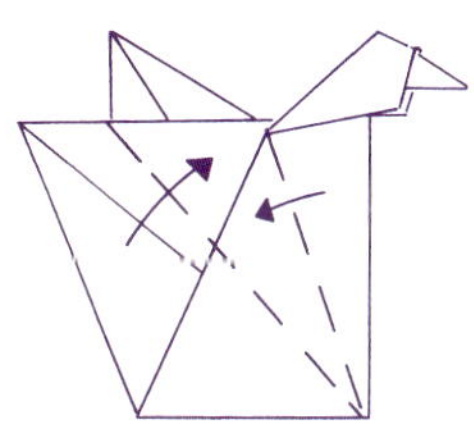

13.

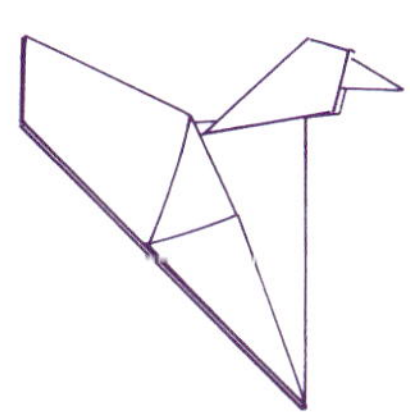

# Fledermaus

Ihren mächtigen, auffälligen Schwingen verdankt diese exotische Serviettenfigur nicht nur ihren eigenwilligen Namen, sondern auch ihr interessantes Äußeres – ausladend und ausdrucksvoll umrahmen sie die fächerförmig aufspringenden Falten in der Serviettenmitte. So präsentiert sich eine wahre Schönheit, die im Gegensatz zu ihren Namensvettern das Rampenlicht gewiss nicht scheut.
Sie sollten Servietten zwischen 30 x 30 und 40 x 40 cm verwenden. Da bei der fertigen Fledermaus sowohl Vorder- als auch Rückseite sichtbar werden, sollten Sie unbedingt einfarbige bzw. durchgefärbte Servietten wählen. Durch ihre großen Flügel wird die Figur eigentlich schon genügend abgestützt, sodass Sie im Grunde jedes Serviettenmaterial in eine formschöne Fledermaus verwandeln können. Bei Servietten aus zu dünnem oder zu weichem Stoff empfiehlt sich eventuell etwas Sprühstärke als Unterstützung.

**Faltanleitung**

1. Breiten Sie die Serviette gerade vor sich aus. Beginnen Sie nun, von der unteren Kante her die Serviette bis zur Hälfte in schmale, ca. 1,5 bis 2 cm breite Zickzackfalten zu legen, indem Sie abwechselnd vor und zurück falten. Streichen Sie die Falzkanten gut aus. Zum Schluss sollte der gefaltete Teil wie ein schmales Band entlang der Unterkante verlaufen.

2. Brechen Sie nun die beiden unteren, seitlichen Ecken diagonal vom Mittelpunkt der Unterkante aus nach oben auf die Mitte der Oberkante.

3. Falten Sie die Spitze des entstandenen Dreiecks zu etwa einem Drittel der Gesamthöhe nach oben.

4. Die umgefaltete Spitze wird dann wieder nach unten, bis auf die Unterkante zurück gefaltet.

5. Die gesamte Serviette wird nun senkrecht in der Hälfte nach hinten gebrochen, indem Sie beide Seiten nach hinten umschlagen.

6. Die Serviette sollte nun auf der Seite liegend aussehen wie in Abbildung 6 zu sehen. Streichen Sie die Faltkanten der letzten Schritte gut aus, indem Sie das untere Ende der Serviette fest zusammendrücken.

7. Jetzt brauchen Sie die Serviette nur noch an der unteren rechten Ecke zu fassen und auf die Unterkante zu stellen. Fächer und Flügel breiten sich dabei ganz automatisch auseinander, stützen sich auf und geben der Figur so den nötigen Halt.

1.

2.

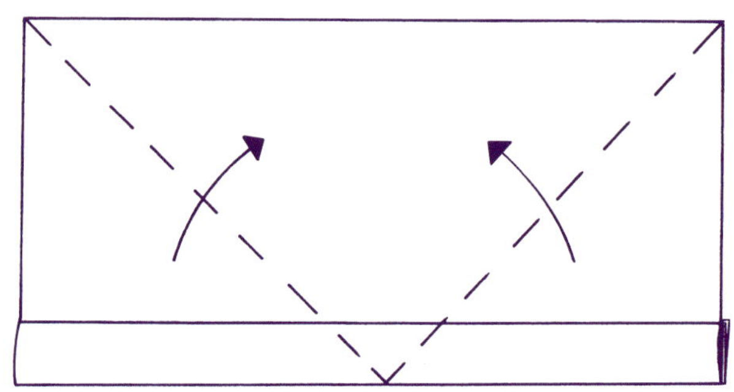

3.

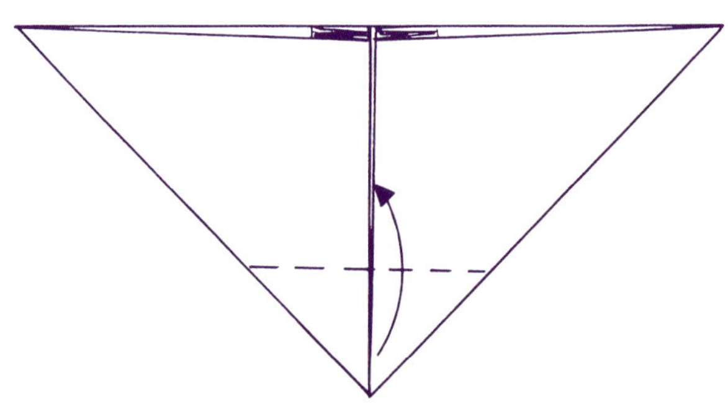

4.

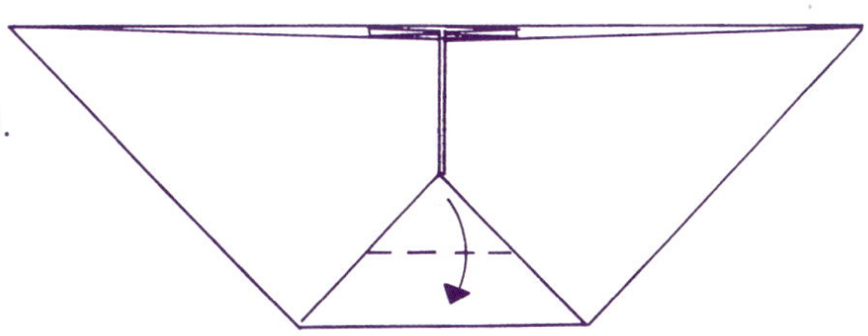

5.

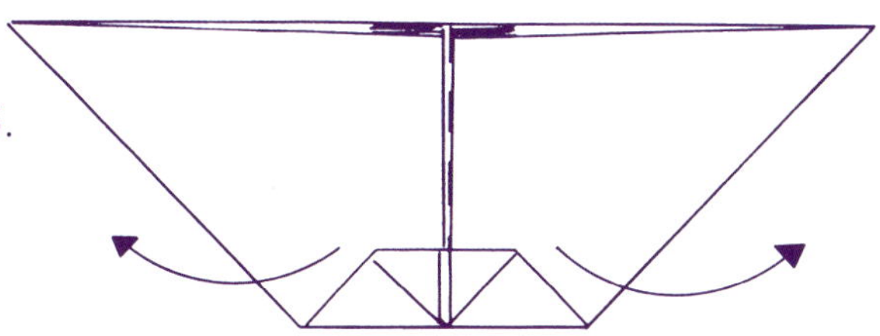

6.

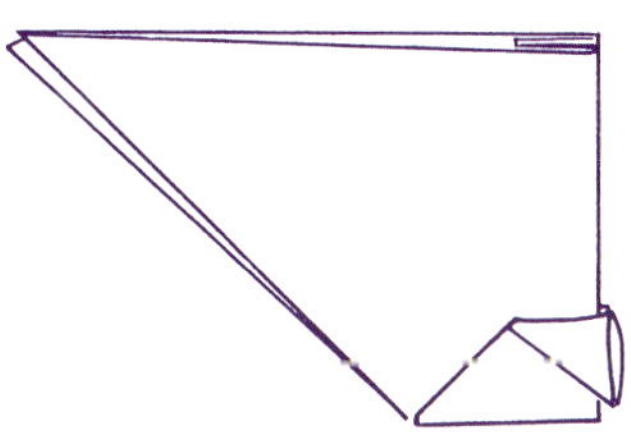

7.

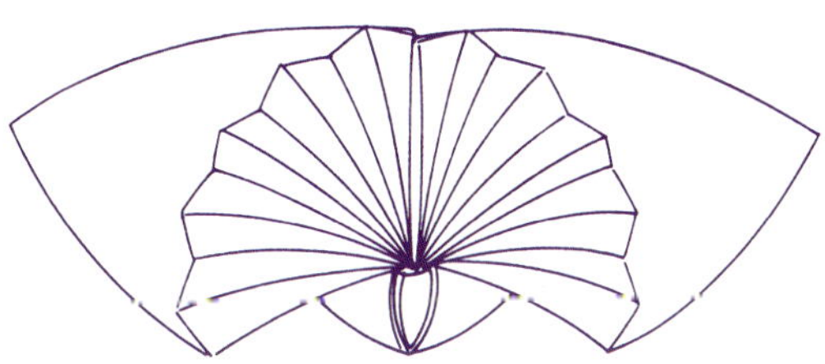

# Kastell

Der Name und auch die strenge Form lassen vermuten, dass es sich bei dieser Figur um eine sehr alte, traditionsreiche Serviettenform handelt.
Aber wie Sie sehen, hat das schlichte Kastell über all die Jahre nichts von seinem Reiz eingebüßt. Obwohl es sich hier um eine eher zurückhaltende Form handelt, die bewusst auf jedes Zuviel verzichtet, sollte man das Kastell aber nicht einfach als eine schlichte Figur abtun. Denn es ist gerade ihre fast puristisch anmutende Eleganz, ihre schnörkellose Gradlinigkeit, die diese Serviette zu einer zeitlosen Schönheit macht, die auch in Ihrem Repertoire nicht fehlen sollte. Für das Kastell können Sie jegliches Serviettenmaterial, ob Stoff, Vlies oder Papier, in beliebiger Größe verwenden. Bordüren oder Spitzenbesatz kommen bei dieser Figur übrigens besonders hübsch zur Geltung.

1.

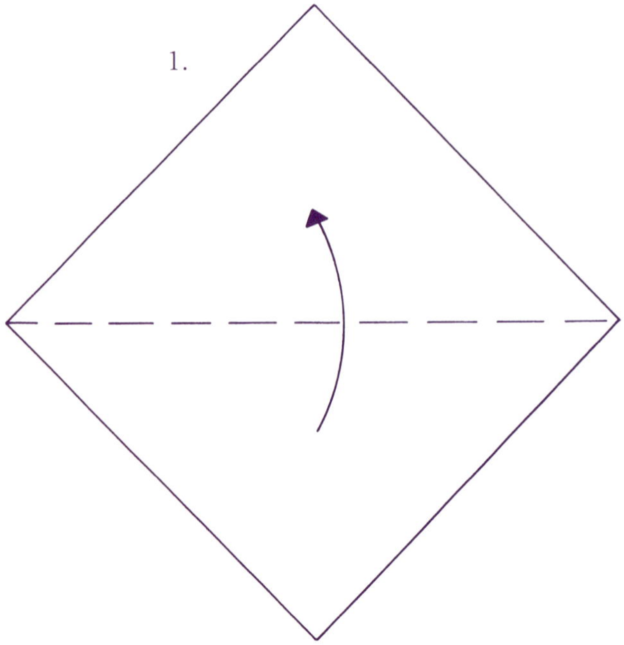

2.

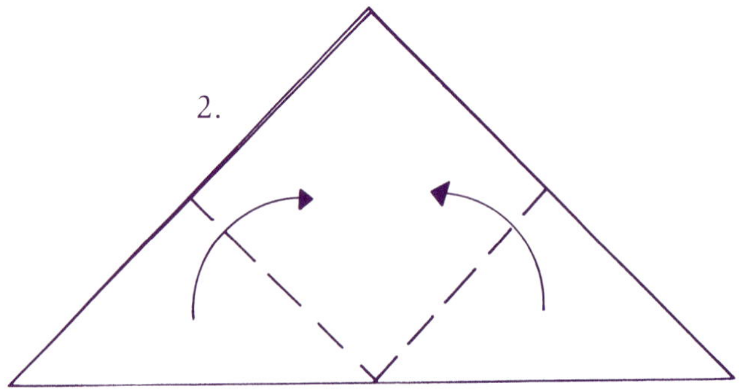

3.

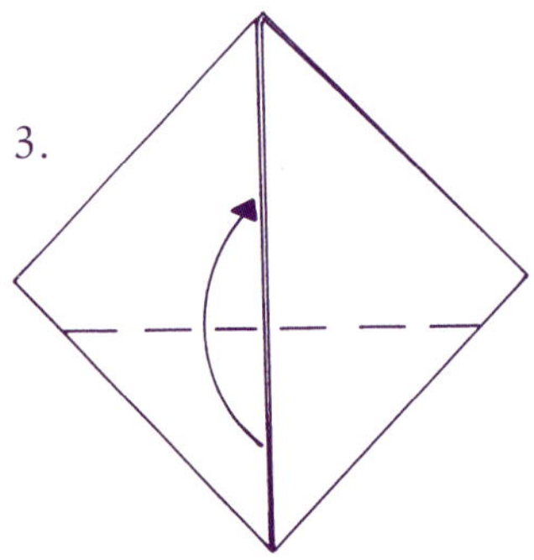

4.

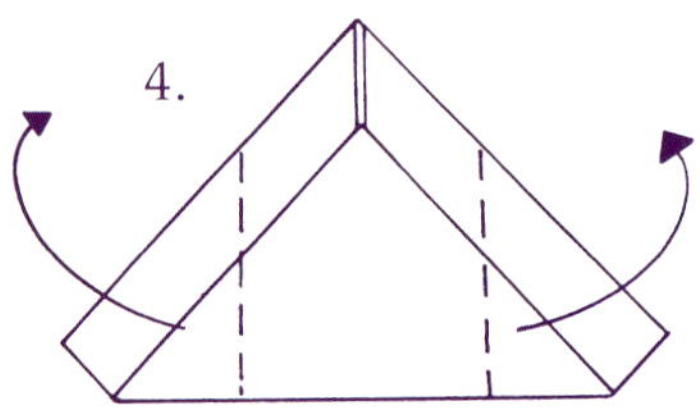

5.

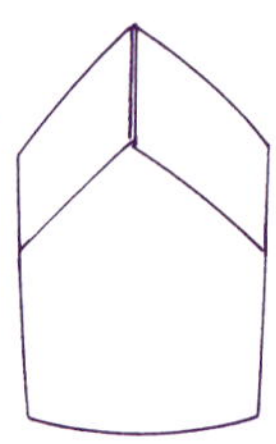

**Faltanleitung**

1. Legen Sie eine Serviette mit der rechten Seite nach unten vor sich und drehen sie auf die Spitze. Brechen Sie die Serviette waagrecht in der Hälfte nach oben zu einem Dreieck.

2. Falten Sie die seitlichen Ecken des Dreiecks diagonal vom Mittelpunkt der Unterkante aus nach oben auf die obere Spitze.

3. Brechen Sie die Serviette etwas unterhalb der Mitte waagerecht nach oben, sodass die untere Spitze etwa 5 cm unterhalb der oberen Serviettenspitze zu liegen kommt.

4. Schlagen Sie die seitlichen Ecken der Serviette nach hinten um, und stecken Sie die Enden ineinander.

5. Schon ist das Kastell fertig und kann auf dem Gedeck arrangiert werden.

# Libelle

Falls Sie bisher annahmen, attraktive und beeindruckende Serviettenfiguren müssten kompliziert und zeitaufwändig sein, wird Sie die hübsche Libelle mit ihren anmutigen, schlanken Flügeln mit Sicherheit vom Gegenteil überzeugen.

Mit der exotisch anmutenden Libelle lässt sich im Handumdrehen eine beeindruckende Tafel zaubern. Dabei spielt es keine Rolle, ob Sie Stoffservietten oder nur bunte Papierservietten zur Hand haben. Das Ergebnis wird in jedem Fall begeistern.

Das ganze Geheimnis, das hinter dieser aparten Figur steckt, nennt sich „Fächern" und bedeutet einfach, dass die Serviette wie eine Ziehharmonika gefaltet wird.

**Faltanleitung**

1. Legen Sie die Serviette mit der rechten Seite nach unten vor sich. Dann drehen Sie sie so, dass eine Spitze zu Ihnen zeigt. Falten Sie die Serviette waagerecht in der Hälfte nach unten zu einem Dreieck.

2. Beginnen Sie nun von der unteren Spitze her, die Serviette in schmale, etwa 2 cm breite Ziehharmonika-Falten zu legen, indem Sie die Serviette einfach in regelmäßigen Abständen vor und zurück brechen, bis sie als schmales Band vor Ihnen liegt. Je nach Geschmack können Sie nun die Faltkanten mehr oder weniger fest ausstreichen – klar ausgeprägte Kanten wirken ausdrucksvoller, nur andeutungsweise sichtbare Kanten eher weicher.

3. Um Ihnen das Prinzip des Fächerns zu verdeutlichen, zeigt Ihnen Zeichnung 3, wie die Serviette nach diesem Vorgang aussehen sollte. Ihre Serviette sollten Sie allerdings noch als schmales, gefaltetes Band vor sich liegen haben, mit der Serviettenspitze auf der Serviettenmitte und den Kanten im Zickzackverlauf zu beiden Seiten.

4. Brechen Sie dieses Band jetzt einfach in der Mitte, indem Sie die langen Seiten zusammenfalten.

5. Ohne genügend Halt kann die Libelle sich nicht voll entfalten und muss deshalb mit der geknickten Mitte in ein schmales Glas gestellt werden. Die schmalen Flügel breiten sich dabei ganz automatisch zu ihrer vollen Größe aus.

1.
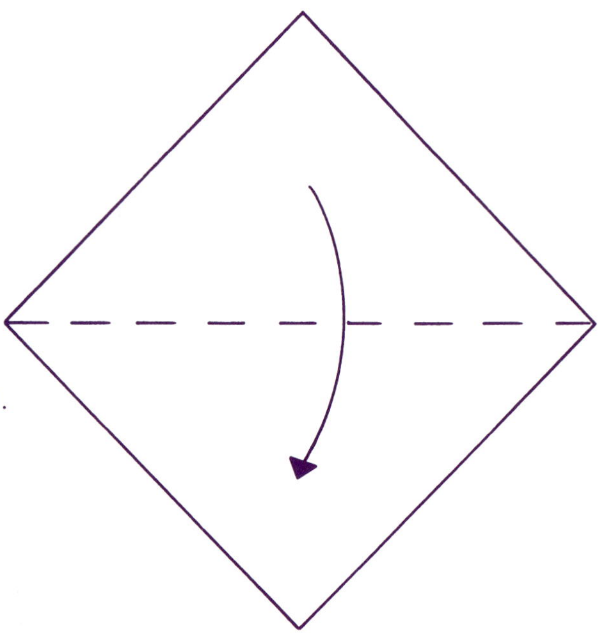

2.
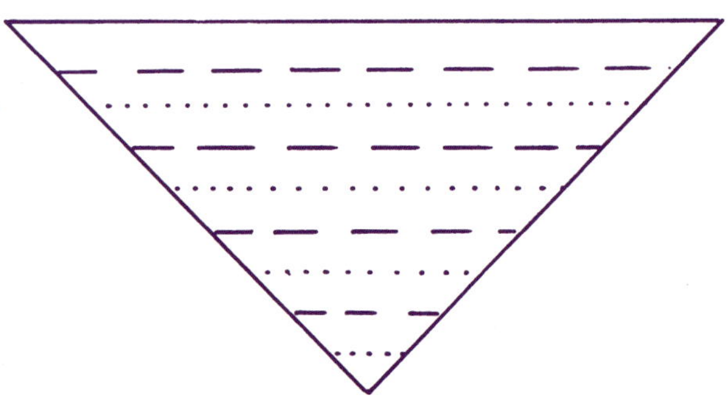

3.
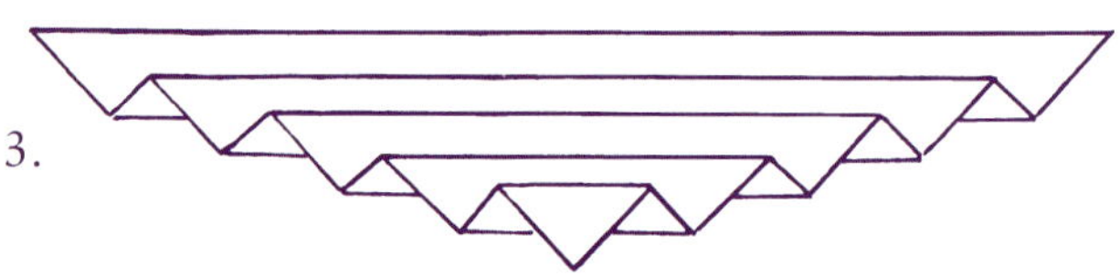

4.

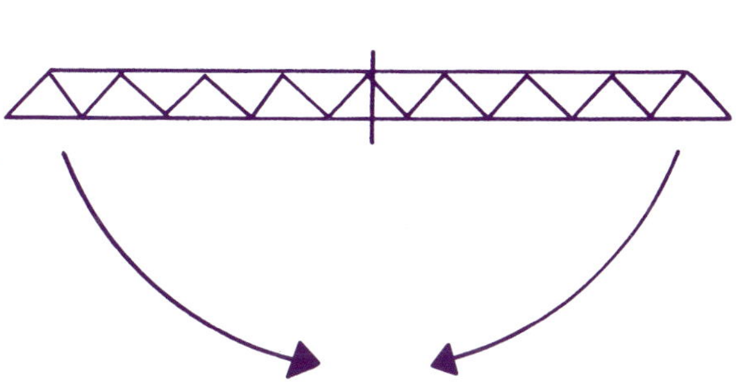

5.

# Medaillon

Möchten Sie eine aufwändig gearbeitete Spitzenecke, ein edles Monogramm oder auch eine hübsche Stickerei effektvoll in Szene setzen, sollten Sie einmal diese Faltidee in Augenschein nehmen.
Medaillon nennt sich die ausgewogene Serviettenfigur, weil sie die kunstvoll bestickte Ecke der Serviette so elegant umschließt und damit formvollendet zur Geltung kommen lässt.
Von ihrer Silhouette her erinnert das Medaillon zwar an die beliebte, eher strenge Mützenform, wirkt aber viel weicher und gefälliger durch die abgerundete Kontur, die raffiniert, aber dezent einen schönen Rahmen für schmucke Serviettendetails schafft. Dies ist übrigens ein Effekt, mit dem sich nicht nur verzierte Stoffservietten gekonnt präsentieren lassen, sondern auch besonders hübsche Motive oder die bunte Bordüre von schlichten Papierservietten groß heraus kommen.

**Faltanleitung**

1. Breiten Sie die Serviette mit der rechten Seite nach unten vor sich aus und drehen sie auf eine Spitze. Die mit Spitze verzierte Ecke, das Monogramm oder die Stickerei befindet sich unter der unteren Serviettenspitze, die zu Ihnen zeigt. Brechen Sie nun die seitlichen Ecken senkrecht nach innen, sodass sich ihre Spitzen in einem Abstand von etwa 5 cm in Höhe der Serviettenmitte gegenüberliegen.

2. Falten Sie im zweiten Schritt die obere Spitze waagerecht nach unten, und zwar zu 1/3 der Gesamthöhe, sodass, wie in der Zeichnung zu sehen, noch ein kleiner Teil der nach innen gefalteten Ecken mit eingeschlagen wird.

1.

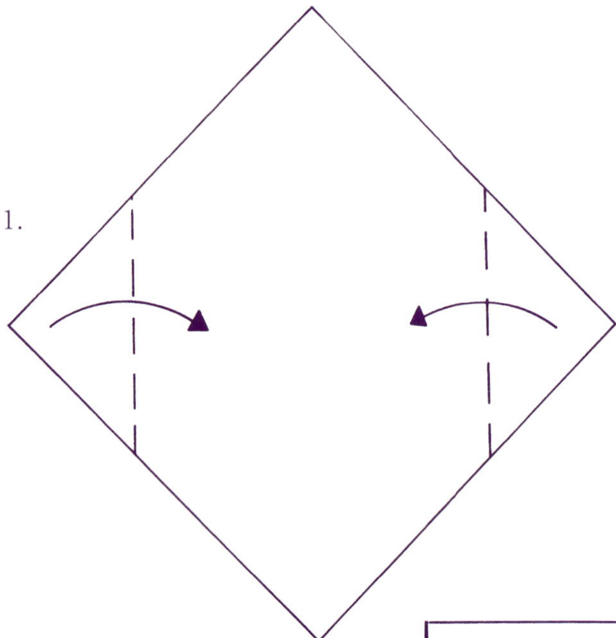

2.

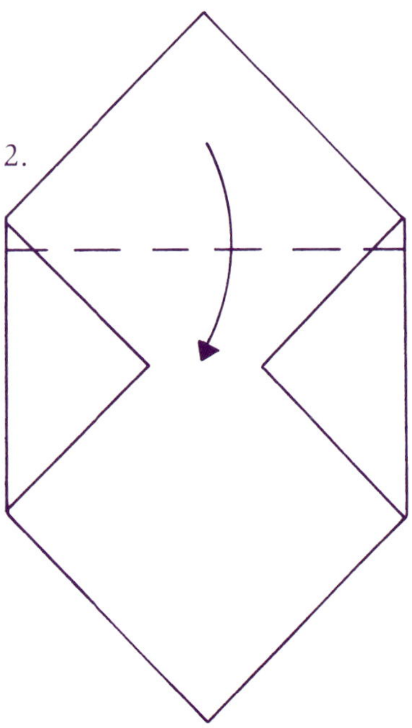

3.

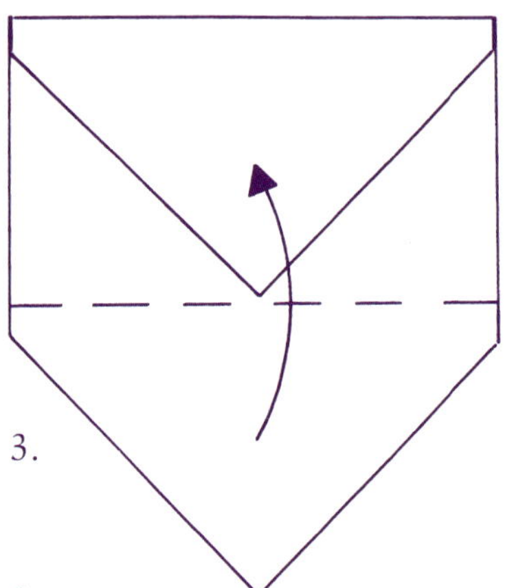

4.

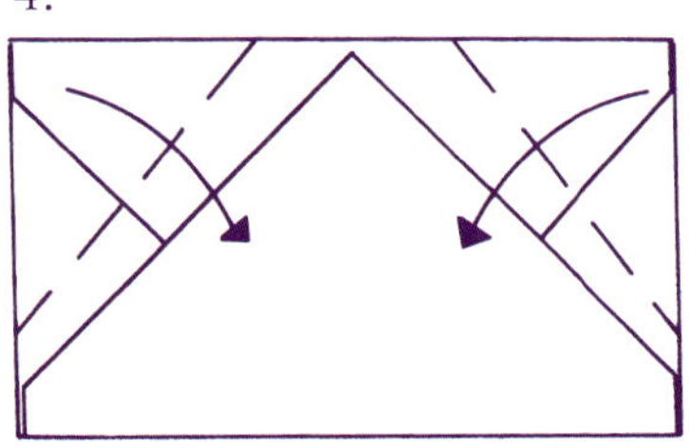

5.

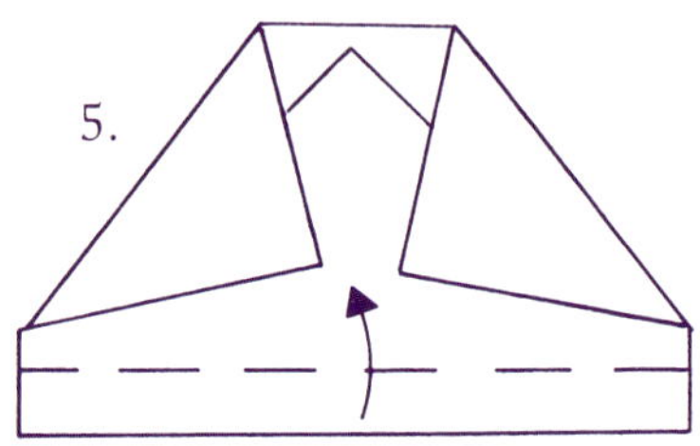

6.

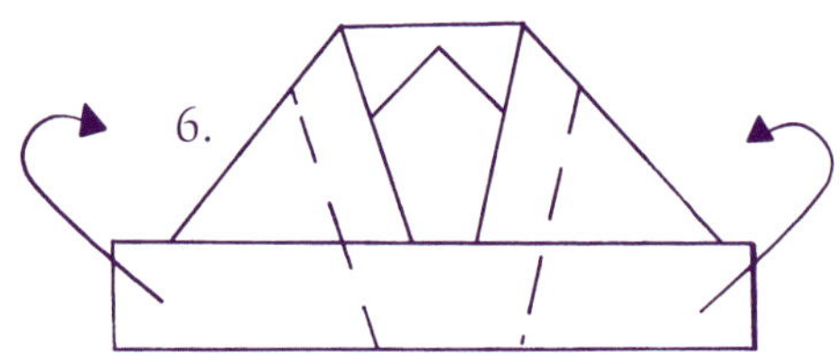

7.

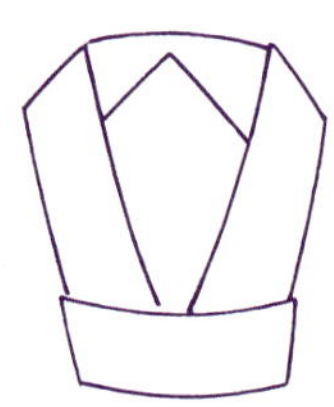

3. Die untere Spitze wird nun ebenso nach oben gebrochen. Sie sollte knapp unterhalb der Serviettenoberkante zu liegen kommen.

4. Die oberen Ecken der Serviette werden nun, wie in Abbildung 4 gezeigt, etwas seitlich von der sichtbaren Spitze diagonal nach innen geschlagen, sodass sie die Spitze in einer weichen, abgerundeten Linie umschließen.

5. Die Unterkante wird dann waagerecht nach oben umgeschlagen, sodass sie die beiden umgeschlagenen Spitzen des vorherigen Faltschrittes knapp überdeckt.

6. Die seitlichen Ecken der Serviette brauchen Sie jetzt nur noch nach hinten umzuschlagen und die Ecken ineinander zu schieben.

7. Das fertige Medaillon formen Sie nun noch etwas aus und arrangieren es stehend auf dem Gedeck.

# Butterfly

Ihre Familie und Gäste werden diese Serviettenfigur lieben – denn sie verleiht jeder Tischdekoration mit Leichtigkeit eine beschwingte, fröhliche Frühlingsnote. Und Sie benötigen lediglich ein paar hübsch gemusterte Papierservietten von 30 x 30 oder besser noch 40 x 40 cm Größe, um Ihre Tafel mit diesen lustigen kleinen Gesellen und etwas Blütenschmuck in eine Frühlingswiese zu verwandeln. Natürlich ist auch Stoff als Material möglich, sollte dann aber nicht zu dick sein, damit Ihre Schmetterlinge auch schön duftig werden.

**Faltanleitung**

1. Sehr wichtig bei dieser Serviettenfigur ist, dass zu Beginn die Serviette mit der rechten Seite nach unten gerade vor Ihnen liegt. Brechen Sie dann die Serviette in der Hälfte nach unten zu einem Rechteck.

2. Fassen Sie an der Unterkante die oberste Stofflage, und legen Sie diese bis zur Oberkante in Zickzackfalten, indem Sie die Serviette in schmalen, etwa 1–1,5 cm breiten Abständen vor und zurück brechen.

3. Fassen Sie die Serviette an den gefächerten oberen Ecken, und wenden Sie diese dann über die Unterkante auf die Rückseite. Die Haltepunkte sind in der Zeichnung mit kleinen Kreisen gekennzeichnet.

4. Das schmale, gefaltete Serviettenteil sollte nun längs unter der Serviettenunterkante liegen. Fixieren Sie den Mittelpunkt der Unterkante mit einem Finger, und falten Sie dann die unteren, äußeren Ecken diagonal nach oben auf die Mitte der Oberkante.

5. Fassen Sie die Serviette in der Mitte der Oberkante und halten die beiden gefächerten Enden dabei fest auf die Serviette gedrückt. Dann wenden Sie die Serviette über die untere Spitze auf die Rückseite.

6. Falten Sie die beiden seitlichen Ecken diagonal vom Mittelpunkt der Unterkante aus nach oben auf die Spitze. Schieben Sie dann die Spitzen in die kleine taschenartige Stofflage an der Spitze.

7. Brechen Sie die gesamte Serviette waagerecht in der Hälfte nach unten.

8. Falten Sie in diesem Schritt die vorher nach unten umgeschlagene Serviettenhälfte wieder zur Hälfte nach oben, und zwar soweit, dass die Spitze etwas über die Serviettenkante hinausragt.

9. Die seitlichen Spitzen der Serviette werden nun nach innen gefaltet, übereinander geschlagen, und ihre Enden ineinander geschoben.

10. Jetzt muss die Serviette nur noch auf die Vorderseite gedreht werden.

11. Die Flügel entfalten sich dabei ganz automatisch. Eventuell können Sie vor dem Dekorieren den Körper durch Zusammendrücken noch etwas runder und schmaler ausformen.

1.

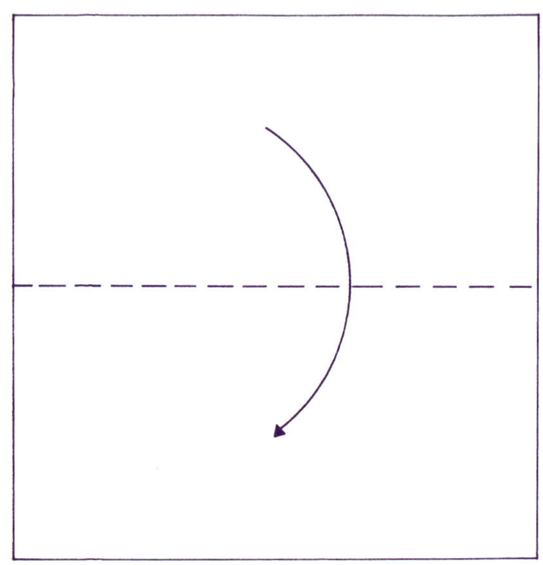

2.

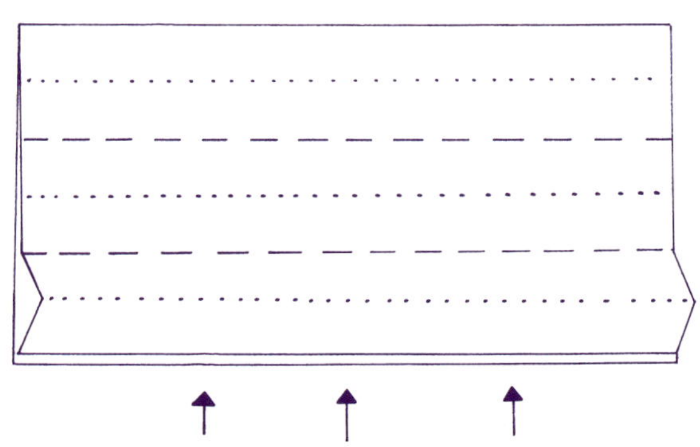

3.

4.
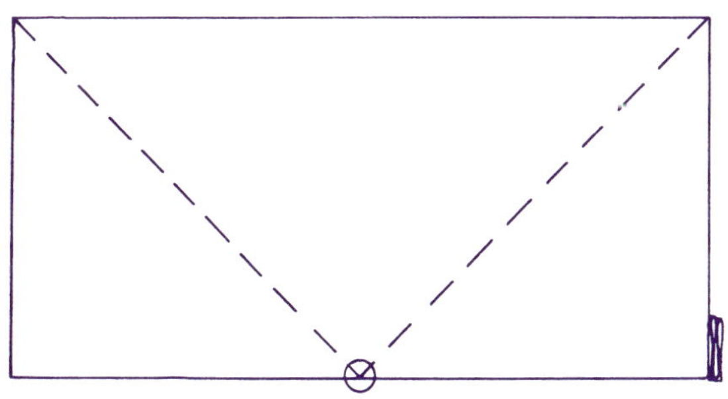

5.
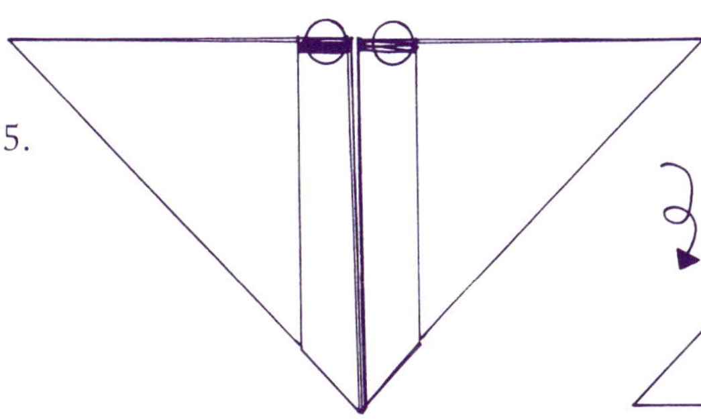

6.
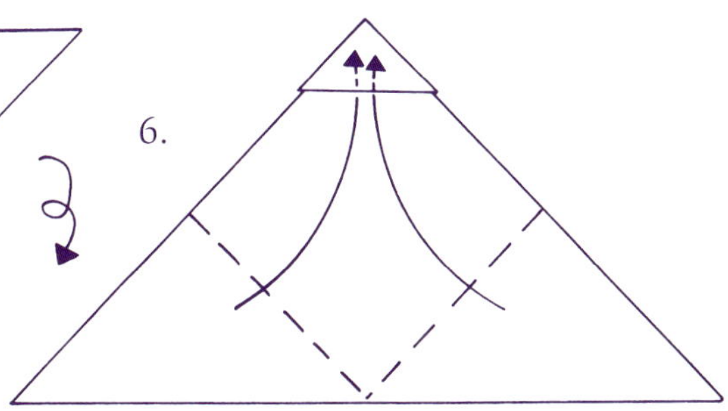

7.
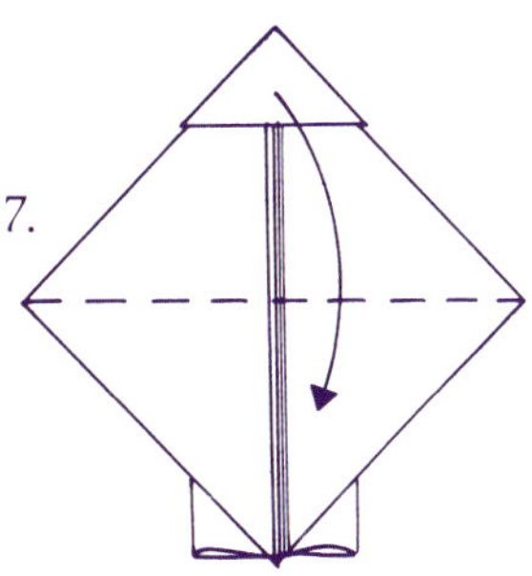

8.
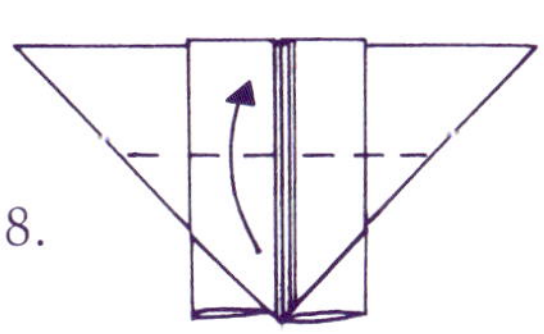

9.
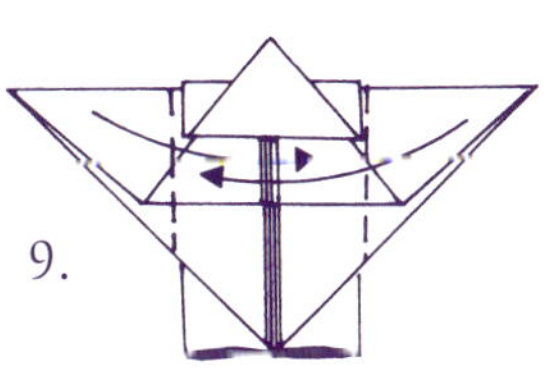

10.
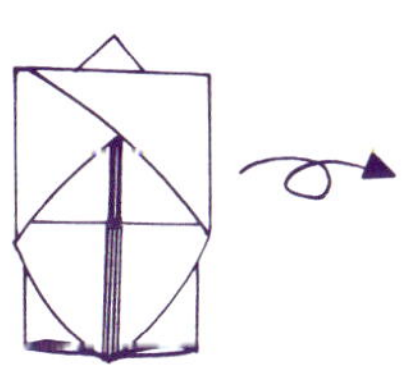

11.
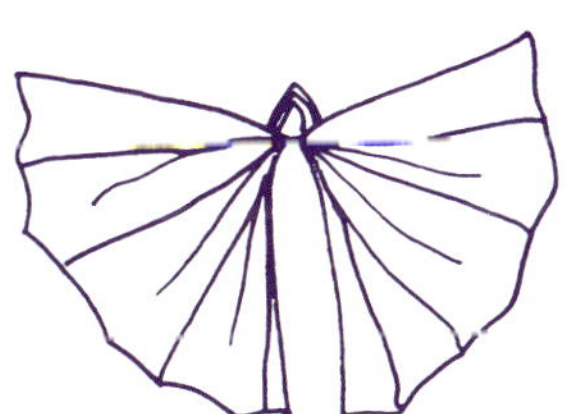

# Pelikan

Dieser ausdrucksvolle Pelikan ist stilistisch perfekt nachempfunden in seiner erhabenen Haltung. Mit elegant gespreizten Schwingen und dem ausgeprägten Schnabel wird der stolze Vogel als Serviettenkreation garantiert zum imposanten Blickfang.
Wichtig ist, dass Sie festes, eventuell leicht gestärktes Serviettenmaterial in etwa 40 x 40 bis 45 x 45 cm Größe verwenden, um dem Pelikan die nötige Standfestigkeit zu geben. Zwischen die Stofflagen eingeschobene Alufolie als Verstärkung ist ein kleiner Trick aus der Gastronomie und Hotelbranche, der sich aber nur empfiehlt, wenn Sie den Pelikan zur Dekoration eines Büffets benützen.

### Faltanleitung

1. Zunächst wird eine ausgebreitete Serviette mit der rechten Seite nach unten auf eine Spitze gedreht. Dann brechen Sie die äußeren Ecken diagonal von der oberen Spitze aus nach innen, sodass sich die Außenkanten senkrecht über der Serviettenmitte treffen.

2. Die untere Spitze wird dann nach hinten, unter die Serviette gefaltet.

3. Die Seiten des entstandenen Dreiecks werden wieder nach innen, zur Mitte hin, gebrochen.

4. Falten Sie die Serviette nun etwa in der Hälfte waagerecht nach unten. Achten Sie darauf, dass dieser Knick noch oberhalb der auf der Rückseite befindlichen Spitze verläuft.

5. Die Spitze, die nun die untere Serviettenkante um etwa 2 cm überragen sollte, wird nun wieder nach oben gebrochen, sodass sie knapp unterhalb der Oberkante zu liegen kommt.

6. Die gesamte Serviette wird dann senkrecht in der Hälfte nach hinten umgefaltet.

7. Stellen Sie die Serviette jetzt auf die langen Außenkanten. Indem Sie diese Kanten am hinteren, offenen Ende etwas auseinander ziehen, erhält der Pelikan genügend Standfläche. Jetzt brauchen Sie nur noch Hals und Kopf etwas nach oben und außen zu ziehen.

8. Den fertigen Pelikan arrangieren Sie dann vorsichtig auf das bereitgestellte Gedeck.

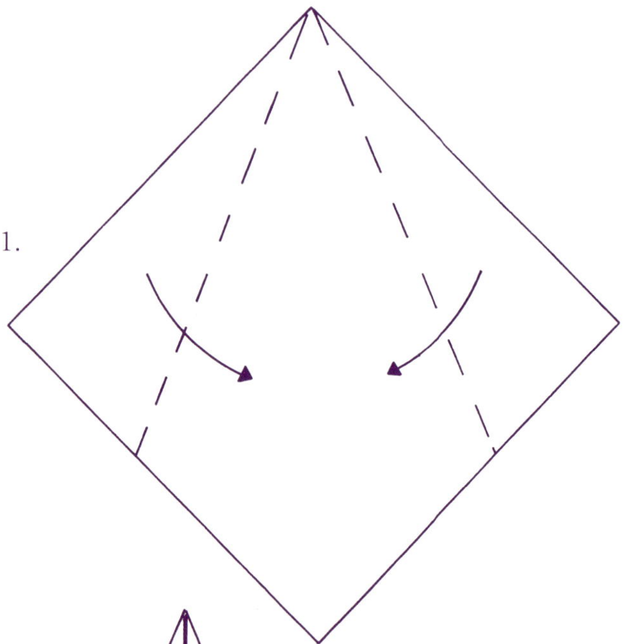
1.

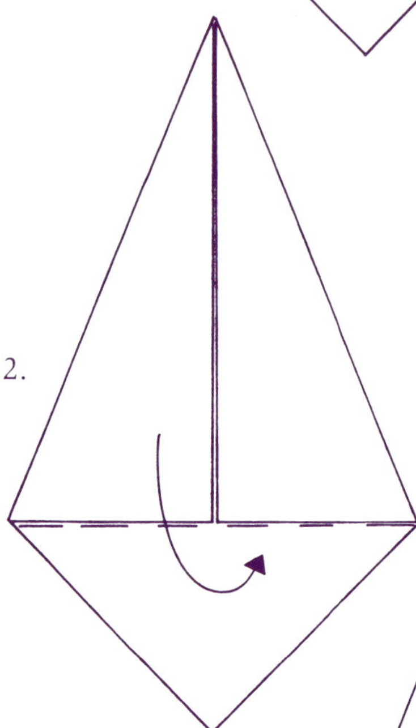
2.

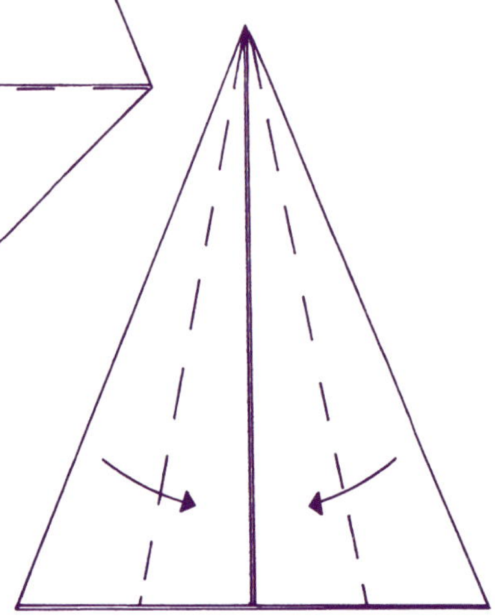
3.

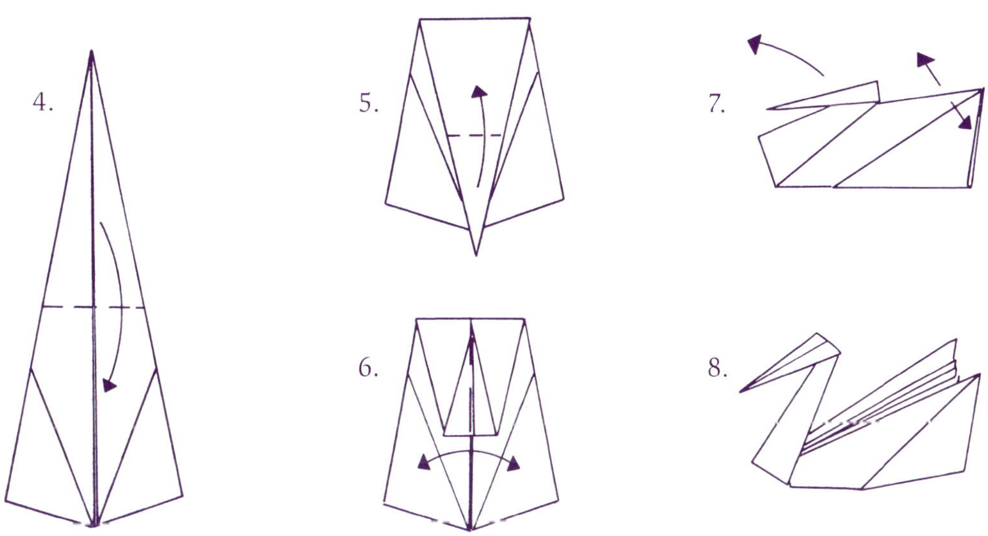
4.
5.
6.
7.
8.

# Stierkopf

Duftige Schmetterlinge, grazile Vögel oder auch exotische Fische sind immer wieder beliebte Vorbilder für dekorative Faltfiguren. Dass die Serviettenfaltkunst aber auch vor großen Tieren nicht Halt macht, zeigt dieser eindrucksvolle Stierkopf. Diese Serviettenform erinnert mit ihren ausladenden Spitzen in der Tat an die so genannten Longhorns, amerikanische Rinder mit beeindruckenden Hörnern, die besonders wegen ihres schmackhaften Fleisches geschätzt werden. Wenn eine Figur sich schon so perfekt stilisiert präsentiert und Assoziationen auf zu erwartende Genüsse weckt, was liegt da näher, als sie auch ganz stilecht zur Geltung kommen zu lassen? Wie wäre es also mit dem prächtigen Stierkopf als originelle und zünftige Dekoration zum nächsten Grillfest oder zum Steakessen?
Damit der Stierkopf nicht zu klein ausfällt, sollten Sie Servietten von mindestens 40 x 40 cm Größe verwenden – wenn möglich aus grobem Leinen oder Baumwolle, um den rustikalen Touch zu unterstreichen.

**Faltanleitung**

1. Legen Sie die Serviette ausgebreitet und mit der rechten Seite nach unten vor sich. Drehen Sie die Serviette auf eine Spitze. Brechen Sie nun die Serviette waagerecht in der Hälfte nach unten zu einem auf der Spitze stehenden Dreieck.

2. Falten Sie die seitlichen Ecken diagonal vom Mittelpunkt der Oberkante aus nach unten auf die untere Spitze, sodass ein Quadrat entsteht.

3. Klappen Sie nun die obere Hälfte der Serviette nach hinten um, sodass sie wieder als ein auf der Spitze stehendes Dreieck vor Ihnen liegt.

4. Im nächsten Schritt werden die seitlichen Spitzen etwas seitlich vom Mittelpunkt der Oberkante aus schräg nach hinten umgefaltet, sodass Ihre Serviette nun die Form eines Schildes erhält.

5. Nun brauchen Sie nur noch die beiden schmalen Spitzen, die als oberste Stofflage auf der unteren Spitze liegen, einzeln zu fassen und vorsichtig nach oben und außen zu ziehen, bis sie, leicht umgestülpt, wie Hörner über die Serviette hinausragen. Während dieses Arbeitsschrittes empfiehlt es sich, die restliche Serviette mit der freien Hand auf die Unterlage zu drücken, damit sich beim Herausziehen der Hörner die vorherige Faltung nicht löst.

6. Der fertige Stierkopf wird dann flach auf dem Gedeck arrangiert.

1.

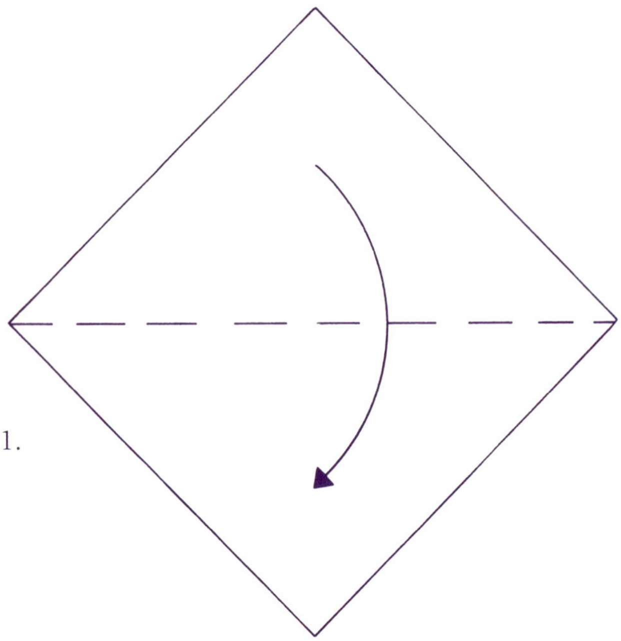

2.

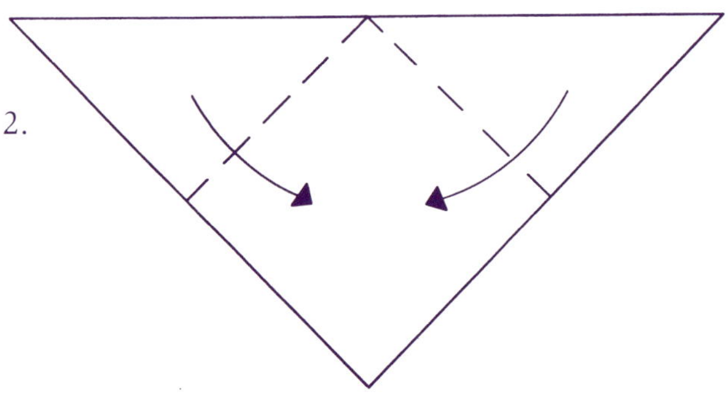

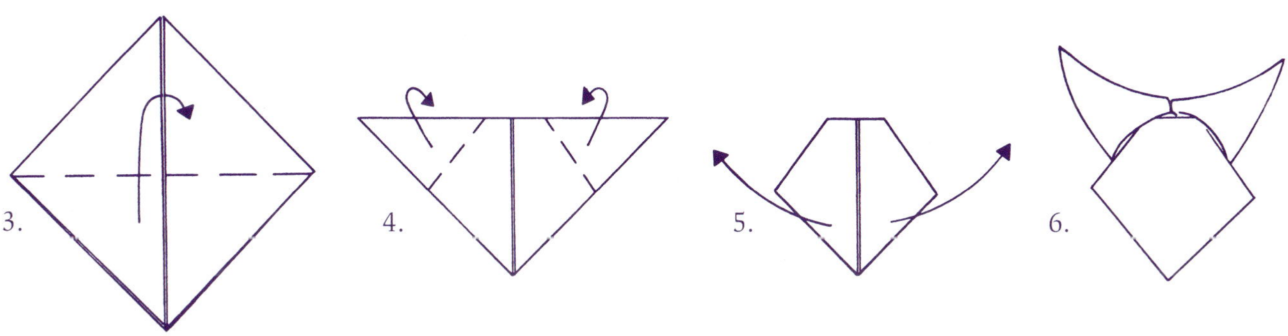
3.
4.
5.
6.

# Dinnerjacket

Ein formelles Abendessen oder eine große Feierlichkeit stehen an? Als elegantes Dinnerjacket, in makellosem Weiß gewandet und stilecht mit schwarzer Smokingfliege, kann sich eine schlichte Serviette auch zu festlichen Gelegenheiten durchaus sehen lassen. Diese elegante Erscheinung macht wenig Mühe beim Falten, wird aber Ihrer Tafel eine festliche Note verleihen und Gäste ganz bestimmt verblüffen.
Für ein wirklich stilvolles Dinnerjacket kommt natürlich nur eine Stoffserviette aus edlem Material wie Damast, Leinen oder Batist in Frage. Die gewählte Größe spielt keine so große Rolle, da Sie im letzten Faltschritt die Breite und Höhe Ihres Dinnerjackets durch die Breite der Umschläge variieren können.

**Faltanleitung**

1. Breiten Sie die Serviette vor sich aus, mit der rechten Seite nach unten. Drehen Sie die Serviette so, dass eine Spitze zu Ihnen zeigt. Brechen Sie die Serviette waagerecht in der Hälfte nach oben zu einem Dreieck.

2. Schlagen Sie nun die untere Kante in einer Breite von etwa 2 bis 3 cm nach oben um.

3. Wenden Sie im nächsten Schritt die Serviette über die obere Spitze, bis sie wie ein auf der Spitze stehendes Dreieck vor Ihnen liegt, mit dem schmalen Umschlag auf der Rückseite entlang der Oberkante.

4. Schlagen Sie nun einfach die Seiten des Dreiecks nach vorne und unten um, und zwar jeweils etwas seitlich vom Mittelpunkt der Oberkante.

5. Die Serviette sollte jetzt so aussehen wie in Abbildung 5 gezeigt. Zum Fertigstellen des Dinnerjackets brauchen Sie jetzt nur noch die beiden Seiten und die untere Spitze nach hinten umzuschlagen.

6. Das Dinnerjacket kann nun mit einer kleinen Smokingschleife aus schwarzem Seidenband vervollständigt werden.

1.

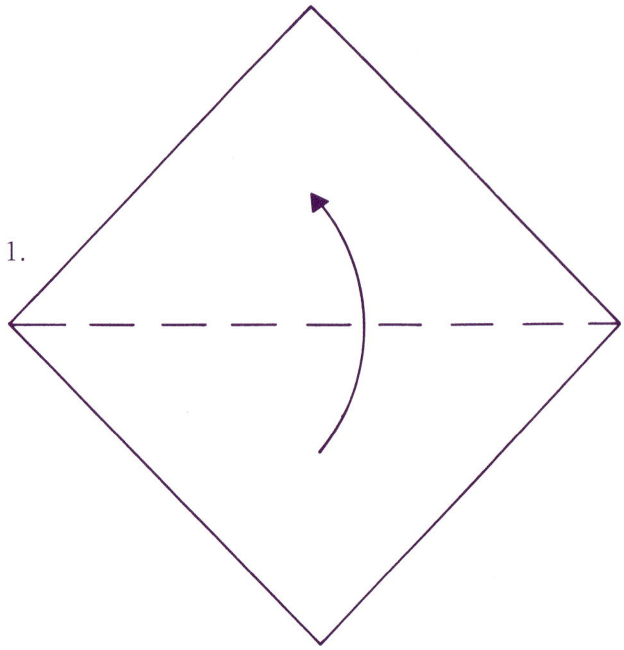

2.

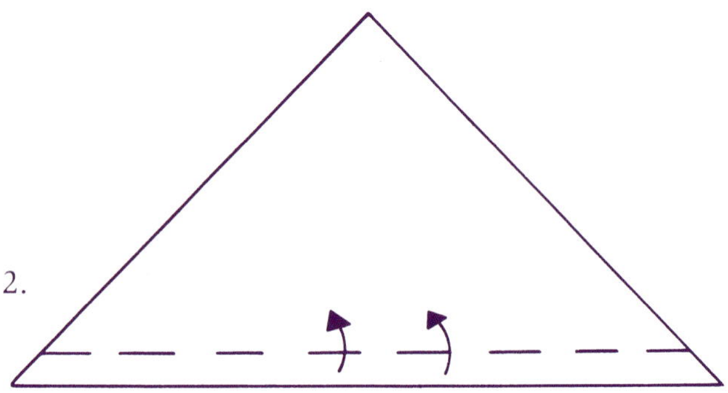

3.

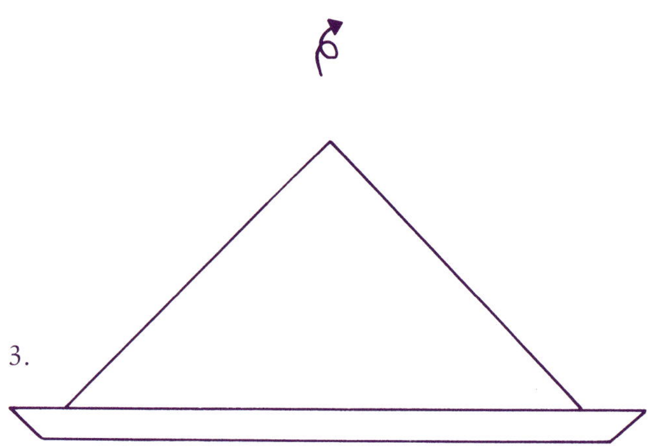

4.

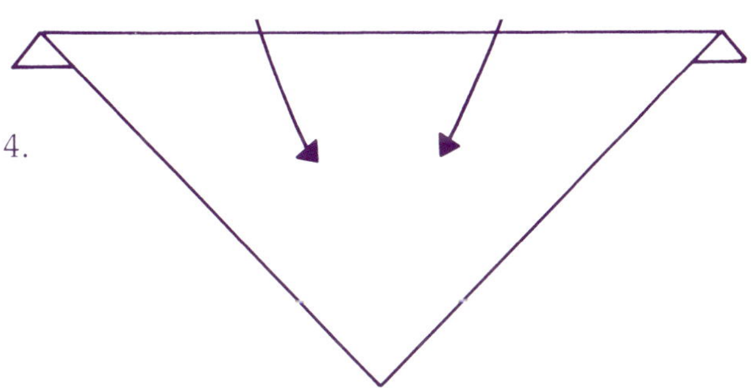

5.

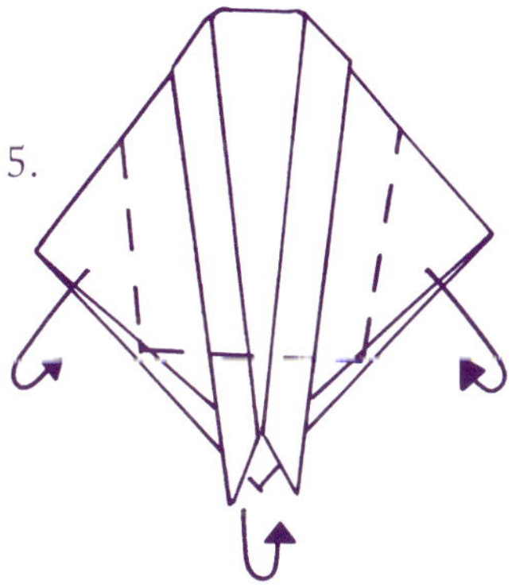

6.

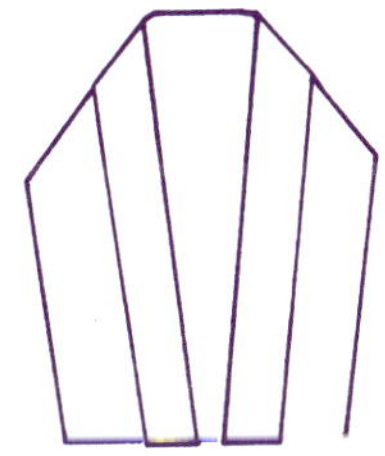

# Französischer Fächer

Fächerartige Serviettenformen gehören seit jeher zu den beliebtesten Dekorationselementen für eine festliche Tafel. Nicht ohne Grund – denn ob streng plissiert oder in weiche Falten gerafft, mit ihren elegant aufgefächerten, aufstrebenden Spitzen verleihen Fächer jeder Tischdekoration eine besondere Note. So auch dieser sehr klassische Vertreter seiner Art – der Französische Fächer. Obwohl der Französische Fächer aufwändig wirkt, ist er doch recht einfach zu fertigen. Selbst aus einfachen Papierservietten lassen sich durchaus beeindruckende Fächer zaubern. Da durch die Faltung sowohl Vorder- als auch Rückseite sichtbar werden, sollte die Serviette aber unbedingt beidseitig gemustert bzw. eingefärbt sein. Optimal ist eine Größe von ca. 30 bis 40 cm.

**Faltanleitung**

1. Breiten Sie die Serviette mit der rechten Seite nach unten gerade vor sich aus. Falten Sie nun die beiden oberen Ecken diagonal vom Mittelpunkt der Oberkante aus nach innen zum Mittelpunkt der Serviette.

2. Brechen Sie die umgefalteten Ecken wieder etwa in der Hälfte diagonal nach außen, sodass die Spitzen etwas über den seitlichen Serviettenrand hinausragen.

3. Ihre obere Serviettenhälfte sollte nun aussehen wie in Zeichnung 3 dargestellt. Als nächsten Schritt falten Sie nun den unteren Teil der Serviette waagerecht in der Hälfte nach oben, bis die Unterkante quer über die Mitte der Serviette verläuft.

4. Brechen Sie dann die seitlichen Ecken des umgefalteten Unterteils vom Mittelpunkt der Serviettenkante aus diagonal nach unten.

5. Zeichnung 5 zeigt Ihnen, wie die Serviette in diesem Stadium aussehen sollte. Jetzt müssen Sie die untere Serviettenhälfte waagerecht nach oben brechen, und zwar soweit, bis die Serviettenkante in der Mitte knapp über der Basis der aufspringenden Ecken verläuft.

6. Die Serviette wird nun durch vor- und zurückbrechen in etwa 5 große Falten gelegt. Die Falten, deren Knicke nach oben zeigen, sollten durch die Spitzen der Serviette verlaufen. Der Einfachheit halber können Sie bei diesem Schritt auch mit dem Knick durch die mittlere Spitze beginnen und dann die Seiten in jeweils zwei große Falten legen.

7. Da der Reiz dieses Fächers in den eher weich gerafften, aufspringenden Falten liegt, sollten Sie die Falzkanten des letzten Schrittes nicht fest ausstreichen. Es genügt, den Fächer einfach am unteren Rand fest zusammenzufassen und dieses Ende in ein Glas oder einen Serviettenring zu stecken. Der Fächer entfaltet seine Pracht dann wie von selbst.

**Tipp:** Diese vielseitige Serviettenkreation wirkt von beiden Seiten betrachtet sehr eindrucksvoll. Probieren Sie einfach aus, welche Optik am besten zu Ihrer Tischdekoration passt!

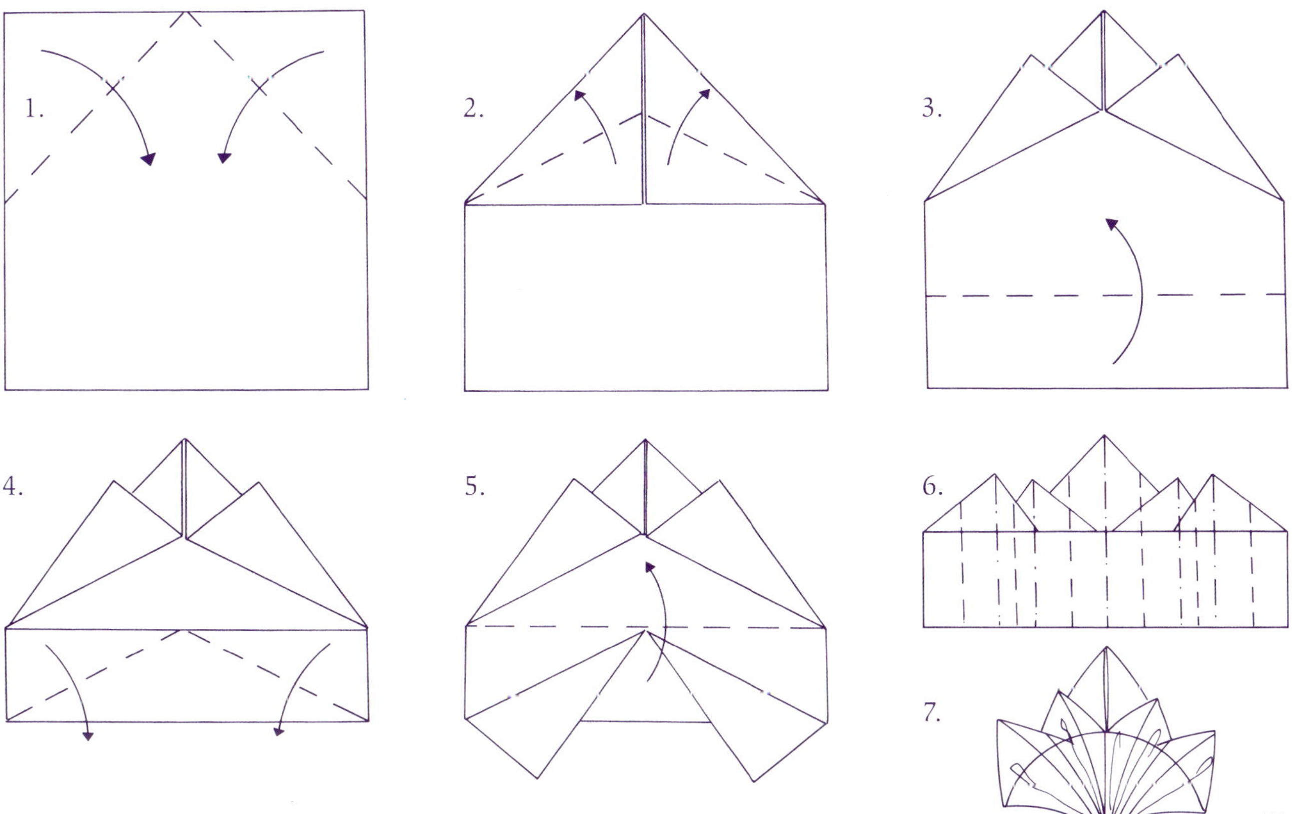
1.
2.
3.
4.
5.
6.
7.

# Kreuz

Als gelungenes Beispiel einer perfekt auf den Anlass abgestimmte Serviette möchte ich Ihnen das formvollendete Kreuz nicht vorenthalten.
Es ist wie geschaffen, um allen großen oder kleinen Familienfeiern mit kirchlichem Hintergrund, sei es nun Taufe, Kommunion, Konfirmation oder Hochzeit, den gebührenden Rahmen zu verleihen.
Ein gelungener Kontrast zur strengen Form des Kreuzes lässt sich erreichen, indem man Servietten mit eingewebten Bordüren oder aufwändigem Spitzenbesatz verwendet.
Um solch ein apartes Kreuz in seiner vornehmen Schlichtheit aus einer einfachen Serviette entstehen zu lassen, sind zwar ein paar raffinierte, aber keineswegs schwierige Faltschritte nötig.

### Faltanleitung

1. Legen Sie die Serviette gerade und mit der rechten Seite nach unten vor sich hin. Falten Sie nun alle Ecken diagonal nach innen auf den Mittelpunkt. Achten Sie darauf, die Faltkanten nach jedem Schritt gut auszustreichen.

2. Wenden Sie die Serviette vorsichtig.

3. In diesem Schritt werden wieder alle Ecken nach innen, zum Mittelpunkt gebrochen.

4. Die Serviette, die jetzt wie in Zeichnung 4 gezeigt vor Ihnen liegen sollte, wird nun wieder vorsichtig gewendet.

5. Ein drittes Mal werden alle Ecken diagonal nach innen zum Mittelpunkt gefaltet.

6. Und wieder wird die Serviette gewendet.

7. Jetzt fassen Sie seitlich in die offenen Spitzen, die frei auf der Serviettenmitte liegen, sodass Sie nur eine Stofflage in der Hand halten, und ziehen dann diese Spitzen einzeln vorsichtig nach außen. Dabei öffnen sich die kleinen, auf der Serviette liegenden Rhomben, gehen an den Seiten auseinander, und umschließen als kleine Rechtecke die unter ihnen liegenden Ecken der Serviette.

8. Jetzt brauchen Sie nur noch die Rechtecke, die der Serviette ihre Kreuzform verleihen, auszustreichen und das fertige Kreuz auf dem Teller zu arrangieren.

1.

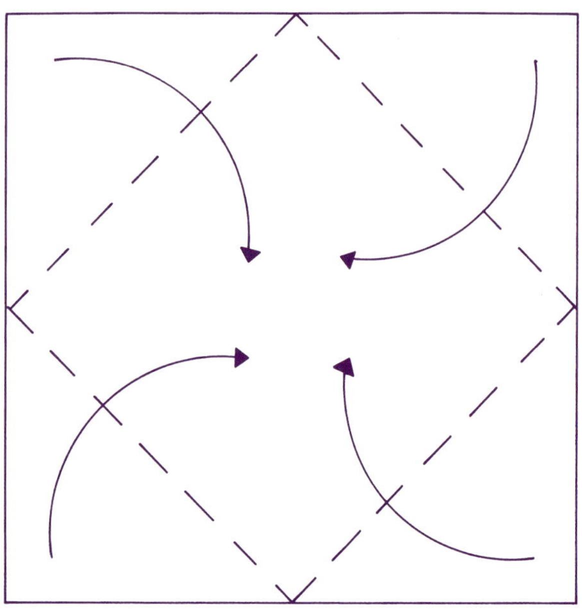

2.

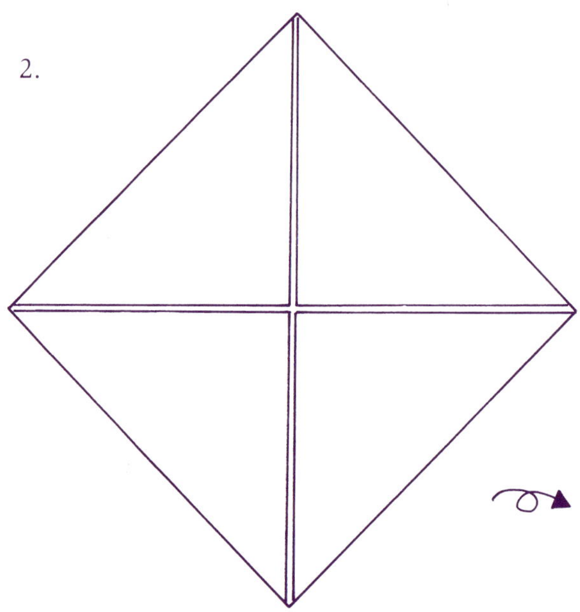

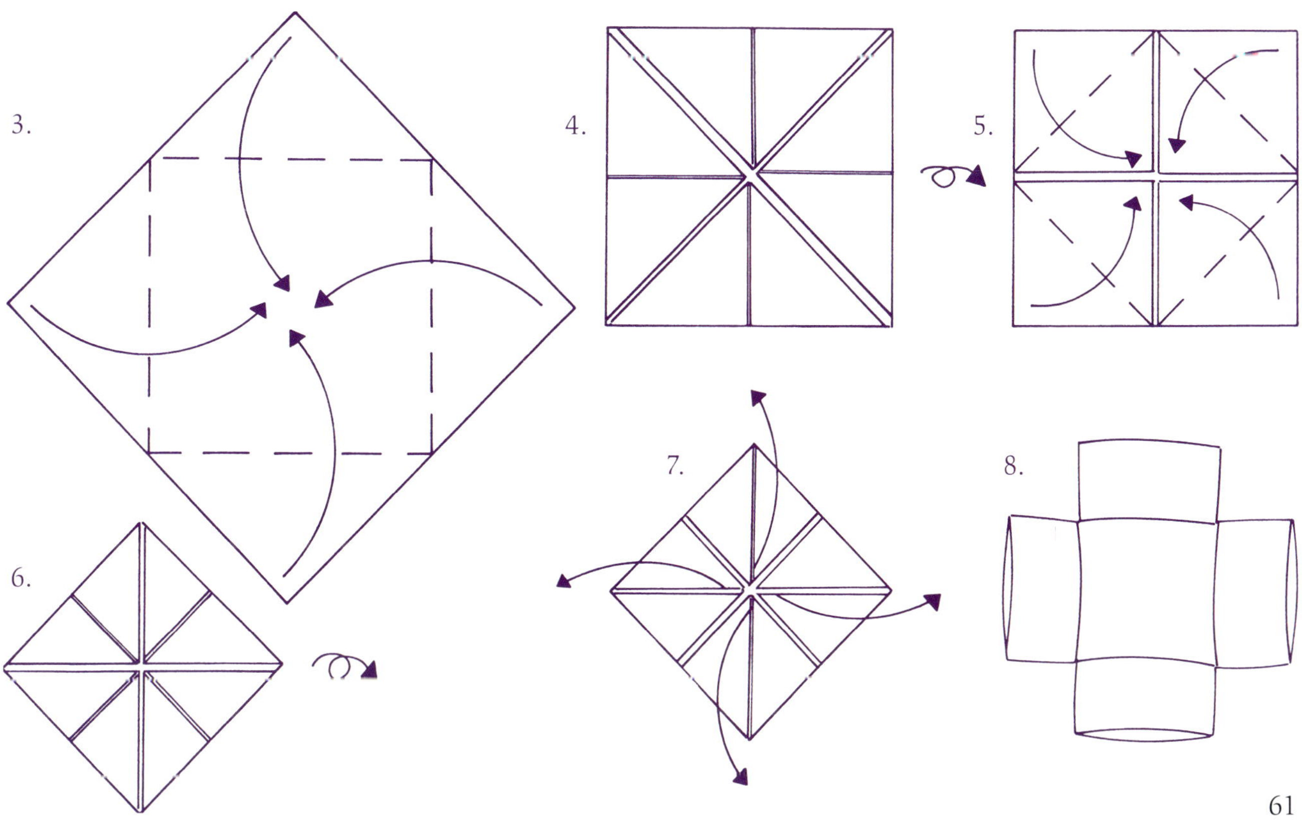
3.
4.
5.
6.
7.
8.

# Auster

Diese prachtvolle Auster wird garantiert auch die Blicke Ihrer Gäste auf sich ziehen. Es handelt sich hier um eine sehr aufwändige Form und gewiss keine Serviettenfigur für alle Tage, aber zu besonderen Anlässen und als Krönung festlicher Tafeln ist sie die ideale Besetzung. Befolgen Sie die nachfolgenden Arbeitsschritte Punkt für Punkt, und mit einer mindestens 40 x 40 cm großen Serviette und etwas Sorgfalt werden Sie die attraktive Auster mit Bravour meistern.

**Faltanleitung**

1. Legen Sie eine ausgebreitete Serviette gerade vor sich, die rechte oder gemusterte Seite sollte nach unten zeigen. Brechen Sie nun Ober- und Unterkante jeweils waagerecht nach innen, zur Mitte hin um, sodass sich diese Kanten quer über der Mittelachse der Serviette treffen.

2. Wenden Sie die Serviette.

3. Brechen Sie nun die Serviette längs in der Hälfte von rechts nach links.

4. Legen Sie zunächst den Zeigefinger auf den Mittelpunkt der Oberkante. Fassen Sie dann die freie Ecke A, und falten Sie diese nach rechts auf Ecke B. Die Serviette öffnet sich dabei automatisch zu einer spitzen, breiten Tüte, und knickt dann an den gestrichelten, diagonalen Linien ein. Nach dem Ausstreichen liegt der gefaltete Serviettenteil dann wie ein flaches Dreieck auf der oberen Serviettenhälfte.

5. Die rechte Seite des flachen Dreiecks wird anschließend wieder nach links zurückgefaltet. Also fassen Sie die Spitze wieder an Spitze A und brechen sie zurück zur linken Kante. Durch diese Faltung ist das linke, obere Serviettenviertel nun zu einer Spitze abgeschrägt.

6. Der in 4.+5. beschriebene Faltvorgang wird jetzt gegengleich auf der unteren Serviettenhälfte wiederholt.

7. Die Serviette sollte nun wie in der Zeichnung abgebildet vor Ihnen liegen, mit jeweils zwei doppelten Faltkanten, die diagonal von der Mitte der Ober- und Unterkante zur Mitte der linken Kante verlaufen. Als Nächstes wird die Serviette über die Unterkante auf die Rückseite gewendet.

8. Die Schritte 4 bis 6 werden auch auf dieser Seite der Serviette wiederholt, bis auch hier die Kanten der linken Serviettenhälfte abgeschrägt zu einer Spitze aufeinander zulaufen.

1.

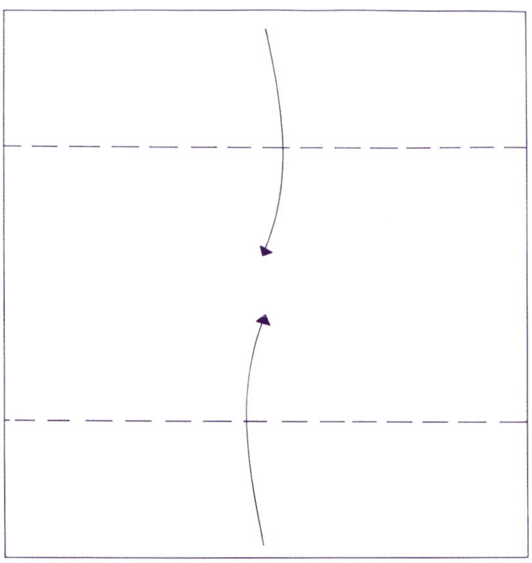

2.

3.

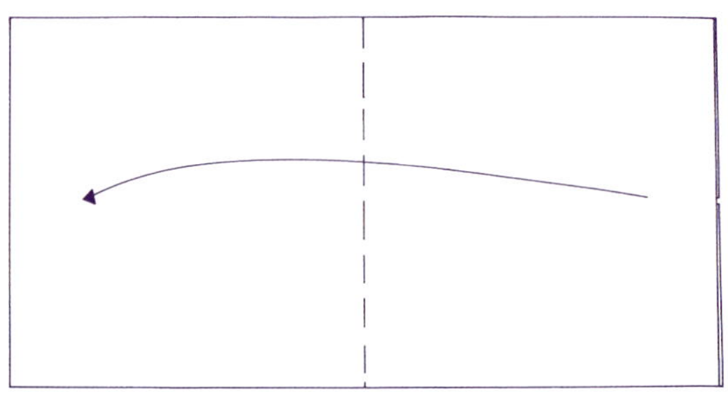

9. Legen Sie im nächsten Faltschritt zunächst den Zeigefinger auf die Mitte der rechten Kante. Fassen Sie nun an der Unterkante zwischen die beiden Stofflagen und nehmen die oberste Ecke C in die Hand. Falten Sie diese nach oben auf Ecke D, indem Sie die oberste Stofflage zur Hälfte waagerecht nach oben brechen. Die Serviette öffnet sich dabei automatisch von der unteren, rechten Ecke her zu einer breiten Tüte.

10. Nach dem Glattstreichen liegt diese Tüte dann als flaches Dreieck über der rechten Serviettenhälfte. Wenden Sie nun die Serviette über die untere Spitze auf die Rückseite.

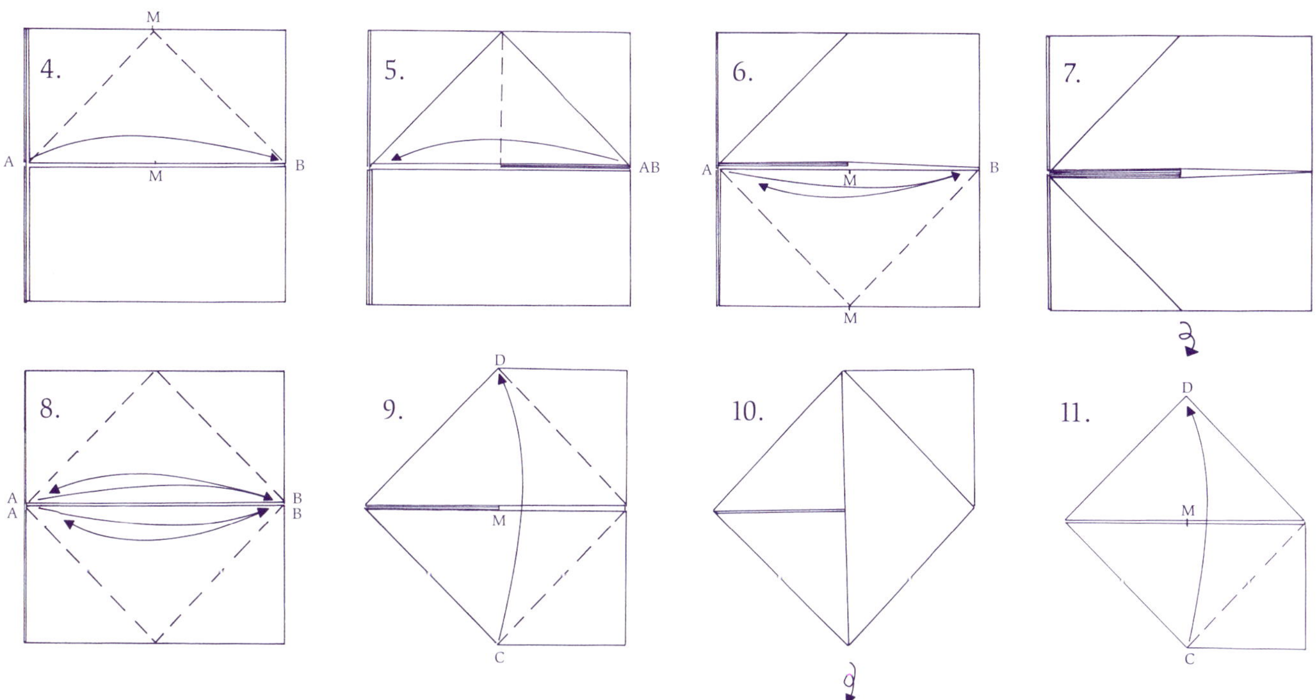

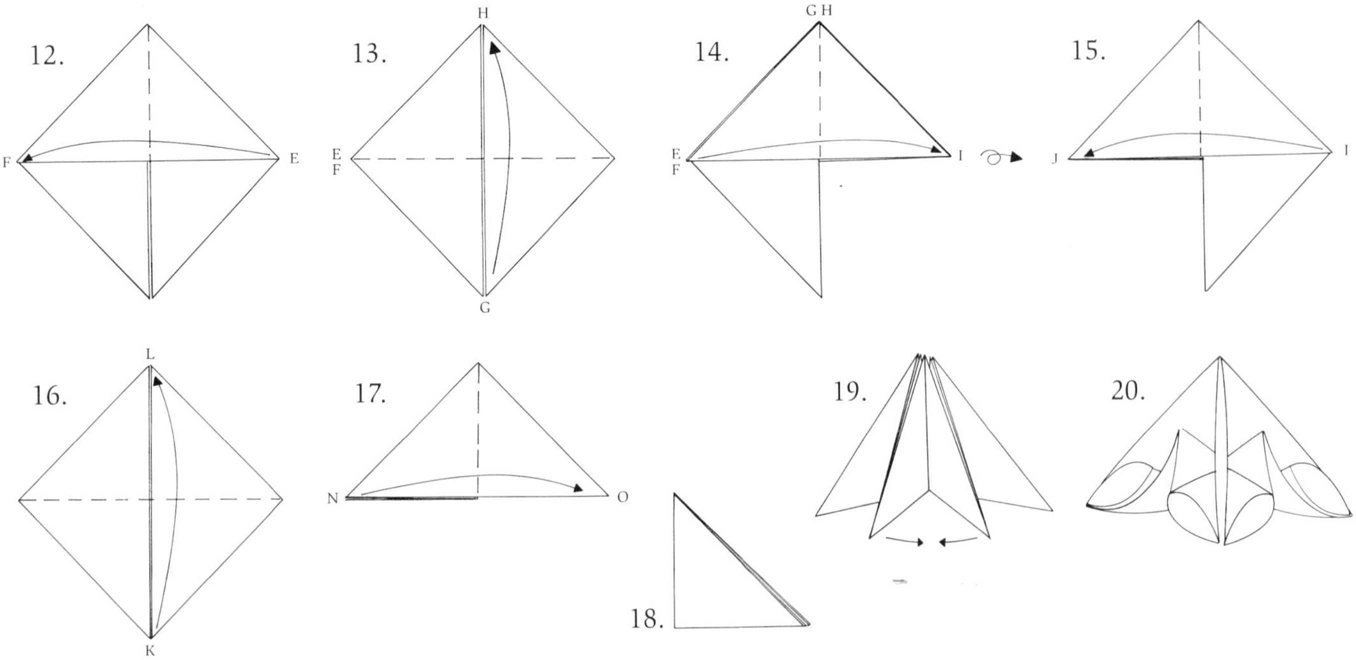


11. Verfahren Sie nun auf dieser Seite wie in den Schritten 9. + 10. beschrieben: Falten Sie die untere Spitze C der oberen Stofflage nach oben, auf Punkt D. Streichen Sie die umgeschlagene, rechte Serviettenhälfte zu einem flachen Dreieck aus.

12. Drehen Sie die Serviette nun so vor sich, dass die in der Hälfte geteilten Spitzen nach unten zeigen. Falten Sie dann die obere der beiden rechten Ecken nach links auf Ecke F.

13. Falten Sie nun Ecke G, und zwar die oberen beiden freien Spitzen, nach oben auf Punkt H, indem Sie die beiden obersten Stofflagen rechts und links in der Hälfte waagerecht nach oben brechen.

14. Ihre Serviette sollte jetzt aussehen, wie in Abbildung 14 dargestellt. Die oberste linke Ecke E der Serviette wird nun nach rechts, auf Ecke I gefaltet. Anschließend wird die Serviette über die rechte Seite gewendet.

15. Fassen Sie von der rechten Seite her zwischen die beiden Stofflagen, und falten Sie die oberste Stoffschicht der rechten Serviettenhälfte nach links.

16. Brechen Sie die untere Hälfte der Serviette waagerecht nach oben, also Ecke K auf L.

17. Die Serviette hat nun die Form eines Dreiecks. Als Nächstes wird nun dieses Dreieck in der Hälfte von links nach rechts gebrochen.

18. Das kleine, vielschichtige Dreieck, das durch diese Faltschritte entstanden ist, wird nun aufgestellt. Dazu werden die beiden äußeren Spitzen nach außen gezogen und geöffnet, bis sie in einem stumpfen Winkel zueinander stehen, um so der Serviette genügend Stand zu geben.

19. Die beiden inneren Zacken werden dann zur Mitte hin zusammengeschoben.

20. Innerhalb jeder der vier doppelschichtigen Zacken liegen freie Spitzen, deren Ecken nach oben zeigen. Fassen Sie zunächst diese Spitzen, und rollen Sie jedes Spitzenpaar tütenförmig zueinander auf. Die inneren Zacken werden dabei durch die gerundeten Spitzen nach unten gedrückt, um beidseitig als kleinere, eigenständige Spitzen zwischen den aufgerollten Tüten zu thronen.